暴走军国

近代日本的战争记忆

沙青青 著

上海三联书店

目 录

凡例与说明

一、本书引用之文献皆取尾注，附于各章末尾处。涉及历史事件、人物或特殊名词的注释则以脚注标出。如此处理是为了能在保持严谨的同时不干扰读者的阅读体验，也方便读者及时了解相关背景知识。

二、本书所引用的部分文献资料中，不可避免地存在一些在我们看来认识偏颇、观点错误的说法与称谓，但为了保留历史原貌，进而深刻揭露日本军国主义的历史罪行与反动本质，均予以保留，请读者在阅读时明察。

序：一次难能可贵的探索

我的"80后"同事沙青青先生在其新书《暴走军国》付印前让我写个小序。校订中的电子版书稿是用手机、电脑在碎片化时间中看完的，只是囫囵吞枣，但让我惊喜的是这个研究成果展示了一种大胆的研究方法创新：历史研究、图情研究和文化研究被有机地融合了，更是国别研究的一个范例。

沙青青是复旦大学历史系的高材生，毕业后却直接进入上海图书馆、上海科学技术情报研究所的竞争情报部门从事情报研究工作，但在本职工作之余他并未放弃历史研究本行。我们曾经交流过历史研究与情报研究的相似点：在文献资料中搜索发现有价值的信息，利用这些信息或者基于这些信息分析推理获得的结论支持或影响某种观点或决策。因此，两者都需要严谨、缜密的逻辑思维。我也曾期待他做一些跨界的探索创新，把历史研究和图情研究有机地结合起来。我觉得这次他对近代日本军国主义的研究就是很好地展示了历史学研究功底和情报研究特色，大量的档案文献照片提供了丰富的史料，规范翔实的注释提供了丰富的线索，信息量极大，彰显其严谨。

沙青青在这本"小书"中还运用了文化研究方法，把与近代日本军国主义历史密切相关的电影、动漫、诗歌、文学等文化元素自如地引入分析研究中，不仅让历史研究、情报研究鲜活生动起来，更重要的是历史与现实发生了互动，这种观照中折射出的光芒让我们可以更立体地认识日本军国主义的历史与现实。

更让我感叹的是，这样的内容其实就是我们国家走向世界舞台中央的历史进程中迫切需要的国别研究。最近几年，伴随着大国外交、"一带一路"等国家战略的实施，我们国家需要对世界各国增进了解和理解。虽然美、日等大国一直是我国学者们研究的重点，但是研究方法、视角等都还比较单一，仍存在"草色遥看近却无"的现象。如何全方位、多学科、持续性、高质量地开展国别研究还是挑战。鼓励开展跨学科研究是提高国别研究水平和质量的最重要途径之一。沙青青先生通过这本"小书"做了一次难能可贵的探索，他把历史研究、图情研究和文化研究有机地融合起来，深入系统地剖析了日本近代军国主义的发展历史，既有史料价值又有可读性，其研究的现实意义不言而喻，其在研究方法上的探索创新也值得为之喝彩。

我期待他继续一往无前地探索创新，把历史研究和情报研究的杂交优势保持下去。

陈　超

上海图书馆（上海科学技术情报研究所）馆所长

2017 年 11 月 6 日于上海

第一章

日本最漫长的一天

考虑关于战局的走向，遗憾的是最坏事态（败战）必至。

——1945 年 2 月 2 日近卫文麿上奏昭和天皇文

1945 年 8 月 14 日上午 8 点 30 分，44 岁的昭和天皇裕仁召见了时任内阁总理大臣铃木贯太郎，命其在当天上午召集举行所谓"御前会议"。

这一天离日本关东军发动"九一八事变"过去了 5079 天，离日本所谓"中国驻屯军"发动"卢沟桥事变"过去了 2960 天，离日本联合舰队偷袭珍珠港过去了 1346 天。无论是裕仁，还是铃木贯太郎都明白这一天将成为日本近代历史上最重要、最漫长的一天。

作为明治维新以来第 42 任日本首相，当时的铃木贯太郎已经 77 岁。四个月前，即 1945 年 4 月，他的内阁刚刚成立。整整四十年前，铃木还曾在对马海战的波涛中见证了联合舰队毁灭俄国舰队的辉煌胜利。二十年前，刚出任联合舰队司令长官一年的他又转任海军军令部长，之后还曾担任天皇的海军侍从官。九年前，在所谓"帝都不祥事件"（即"二二六事件"）中，铃木则成为叛军诛杀的对象，身中两弹却得以生还。

铃木内阁

1945 年初春，小矶国昭内阁倒台。围绕首相人选，重臣会议分成两派，东条英机、广田弘毅等推荐陆军元帅、前侵华日军总司令（即所谓"中国派遣军总司令"）畑俊六，而近卫文麿、若槻礼次郎、冈田启介等则推荐前天皇侍从长、海军大将铃木贯太郎。最终，天皇裕仁选择了后者。起初，这位几近失聪的海军大将打算推辞，曾对天皇表示：自己对政治是外行，而且年老体衰还耳背。裕仁一再坚持后，他方才勉强答应出马收拾残局。

1945 年 4 月 7 日，铃木内阁正式成立。这也是"二战"结束前，日本的最后一届内阁。而他本人也打破之前大隈重信 76 岁出任首相的记录（1914—1916 年第二次大隈内阁），成为迄今日本出任首相最高龄者。铃木内阁中最关键的两个职位——陆军大臣、海军大臣，分别由阿南惟几陆军大将、米内光政海军大将担任。

此刻，摆在这位众人眼中"老首相"面前的难题已不再是如何进行战争，而是如何结束战争，日本的最终战败不过是时间问题。而铃木本人几乎是以一种"已死之人"的心态来面对即将到来的终局："在官邸起居室里经常瞑目苦想的我，突然想起自己早在那次'二二六事件'血染的黎明时分就已经死过一次了。"[1]虽然，台面上依旧喊着"今天无论打到哪里，都一定要把战争打赢"的堂皇口号，但心里却对兵败如山倒的事实心知肚明。然而，如当时大部分日本军政高层一样，他仍心存最后一丝侥幸——在冲绳战役中重创美军，进而获得进行体面和谈的筹码。实际上，连天皇裕仁本人也持类似想法。

1945年2月，在与前首相近卫文麿交谈时，裕仁对"约束陆军，结束战争"的建议不置可否，反而认为只有取得一场大胜才能去谈所谓"终战工作"，明确指出："不再取得一次战果的话，就难以推进吧。"所谓"战果"便是寄望于日军能在冲绳战役中重创美军。但是，在近卫看来这已无异于幻想，"天皇还期待着决战以后再结束，而实际上，既不能在冲绳予以歼灭性打击，也不能指望冲绳有较好的战绩了"[2]。

在铃木内阁成立最初的两个月里，前线传来的都是冲绳战局不断恶化的消息。6月19日，岛上日军全面崩溃。次日，日军已无有组织的抵抗。23日，在付出守军尽数覆灭和20余万平民伤亡的代价后，离九州仅340公里的冲绳岛正式宣告失守，日本本土门户洞开。伴随着冲绳战役的惨败，战败的命运已近

图1 铃木贯太郎（1868—1948）

出生于和泉国大鸟郡伏尾新田（今大阪府堺市中区伏尾）的武士家庭。自1884年进入海军兵学校后，开始漫长的军旅生涯。先后参加过甲午战争、日俄战争。1914年出任海军省次长，1923年晋海军大将。之后，既担任过联合舰队司令长官，也担任过海军军令部长。1929年被编入预备役，担任天皇侍从长，其间曾与阿南惟几在宫中共事过。"二二六事件"中被列为刺杀对象，侥幸未死。铃木精通中国古文典籍，尤其爱读《道德经》。日本投降前夕，宅邸毁于美军轰炸，仍让自己孙子赶紧去旧书店再买本《道德经》以备随时翻阅。出任首相后，多次跟属下念叨："治大国如烹小鲜。"作为战争结束前的最后一任首相，铃木也是日本历史上最后一位非国会议员出身的内阁总理大臣。

在眼前。又如近卫所言"在冲绳战局了然若揭之时，正是转换的时机"[3]。至此，天皇裕仁被迫放弃"以战促和"的幻想，开始考虑求和。其侧近文官如松平康昌就记得冲绳败局已定后，裕仁曾明确对铃木说过"是否应该结束战争"[4]。在 6 月 22 日举行的最高战争指导会议[①]上，天皇打破常规率先发言："6 月 8 日的会议，仍然决定了将战争进行到底的方针，但是这里我们不为迄今为止的观念所束缚，关于结束战争也希望迅速具体地进行研究，并为实现它而努力。"[5] 以此为契机，铃木贯太郎正式将"结束战争"确立为所谓"国策"。

《波茨坦宣言》

除了曾对战局抱有幻想外，当时日本高层的另一大幻想就是寄望于苏联，一厢情愿地希望在尚有"战力"的情况下通过第三国（即苏联）的斡旋来开展所谓"和平工作"，向英美中等同盟国求和。在冲绳宣告失守的同一天，对苏谈判的实际负责人、前首相广田弘毅与苏联驻日大使马立克（Yakov Malik）进行了会谈，提出 7 月派遣同为前首相的近卫文麿作为特使访问莫斯科。

---

① 1944 年 8 月起，鉴于战局持续恶化，日本当局在原有"大本营政府联络会议"基础上设立所谓"最高战争指导会议"，为"二战"末期日本最高决策会议，重要程度高过政府主导的内阁会议与军方主导的大本营会议。该会议正式成员为首相、外务大臣、陆军大臣、海军大臣、参谋总长及军令部长。其他内阁成员与参谋次长、军令部次长等可视情况应邀列席。重大决策时，会奏请天皇出席，称谓也随之变成"御前最高战争指导会议"（即所谓"御前会议"）。

6月30日，最高战争指导会议做出决议称："目前日本正以全部国力与英美交战，此时如苏联参战，帝国将被置于死地。因此无论对英美战争出现任何状况，帝国必须竭力防止苏联参战。同时，我方不仅要防止其参战，进而争取其善意的中立，而且使之成为有利于我结束战争的斡旋者。因此决定迅速开始日苏两国的会谈。"[6]7月7日，天皇裕仁特别召见铃木，督促其全速推动谈判，要求"尽快派遣特使去开展对苏外交"[7]。

外相东乡茂德则认为在雅尔塔会议后，苏联对日参战已是既定方针，日本在"军事上和经济上已经毫无利用苏联的余地了"[8]。换言之，此刻寄望苏联中立乃至调停无异于病急乱投医，还不如直接去同英美交涉。当时驻莫斯科的日本参赞法眼晋作甚至抱怨："日本在败亡关头，不经认真考虑做出求救于苏联的愚蠢举动之一，就是于1945年7月计划派遣近卫特使赴莫斯科。"[9]当时苏联一面敷衍拖延日本，另一方面则将相关情报透露给英美等同盟国。

7月26日，美国、英国及中国政府正式发布《波茨坦宣言》，明确要求日本无条件投降。当时，包括铃木在内的日本政府高层大多认为除接受宣言外，已别无他法。以外务大臣东乡茂德与海军大臣米内光政为代表者甚至提出：应该在内阁会议上尽快予以正式承认。然而，陆军大臣阿南惟几则表示坚决反对。铃木内阁的书记官长迫水久常记得当时阿南惟几曾这样说："我方暂且委托苏联中介进行斡旋，现在正在等回话，所以应该在得到回复之后，才决定怎么做。"[10]于是，铃木内阁决定在此之前不对宣言发表正式意见。

两天后，铃木在记者招待会上脸色阴郁地表示："我们认为那个声明是开罗会议的重新演绎。作为政府，我们认为它没有任何重大价值。对此不予理睬。我们只管迈入战争的最后阶段。"[11] 铃木所说的"不予理睬"一词的原文为日语汉字"黙殺"二字。当时日本通信社——同盟通信社在翻译这段言论时，将其直接翻译为"reject"即"拒绝"，而非"ignore"即"不予理睬"，导致美国政府认定日本当局仍会继续负隅顽抗，故愈加坚定了使用原子弹轰炸日本的决心。与此同时，日本政府正式提出向莫斯科派遣特使进行外交谈判的要求，希望苏联出面进行和谈调停。而斯大林则向杜鲁门通报了此事并征求其意见。7月29日，莫洛托夫向盟国正式提出要求，希望英美等国正式邀请苏联对日参战。8月6日，美国向广岛投放原子弹。

得知广岛遭原子弹袭击后，铃木感叹："事已至此，余只能明确地决意：惟有终止战争，别无他路。"[12]8月8日，日本军方派往广岛实地调查的科学家确认了美国所投下的确实是原子弹。铃木收到实地调查报告后，马上指示第二天上午召开最高战争指导会议与内阁会议，并告诉迫水久常：他决定"亲自表明有关终止战争的意思，要求我事前做好准备"[13]。就在同一天，苏联外交部长莫洛托夫召见日本驻苏联大使，向他宣读了对日宣战书。

1945年8月9日清晨6点，苏联红军开始向盘踞中国东北的关东军发起全线进攻的报告已送到了铃木的办公桌上。上午10点半，最高战争指导会议再度召开。铃木单刀直入抛出了终战与投降的议题："广岛原子弹也好，苏联参战也好，从形势上看，战争不可能再继续下去了。我们只有接受《波茨坦宣言》,结束战争。我想听听诸位的想法。"[14]

在紧接着的讨论中,外相东乡茂德认为:只要不改变天皇法律上的地位,那就可以马上接受《波茨坦宣言》,尽快终止战争,并认为日本已没有跟同盟国讨价还价的资本。海相米内光政发言不多,对东乡的意见未明确表态。而陆相阿南惟几、总参谋长梅津美治郎与海军军令部长丰田副武则坚决反对,要求在"不改变天皇法律上的地位"的基础上再增加三项条件:

一、同盟国在日本的占领范围要尽可能小,人数也应尽可能少;

二、日军自行解除武装;

三、战犯由日本自行处置。

他们将这些条件称为"维持国体的最低要求",若因此而谈判破裂,那就只有进行最后的本土决战。主战派发表完这番言论后,外相东乡马上进行了反驳,双方随之爆发一阵唇枪舌剑般的激烈争论。正在此时,第二颗原子弹落在长崎的消息终于传来。下午1点,在忧心忡忡却毫无结果的绝望气氛中,铃木宣布最高战争指导会议暂时休会。

紧接着,又是长达7个小时无休无止的内阁会议。会上,阿南惟几继续坚持之前在最高战争指导会议上的主张,甚至提出:"在原子弹轰炸和苏联参战的情况下,对比起来,我方难操胜算,

图 2　阿南惟几（1887—1945）

　　九州大分县竹田市人，父亲曾是内务省的官吏，年幼时随家人移居东京。陆军士官学校第 18 期毕业，但报考陆军大学先后三度落榜，第四次才顺利考入，于第 30 期毕业。1929 年被任命为侍从武官，对当时的上司侍从长铃木贯太郎相当尊敬。侵华战争爆发后，被任命为第 109 师团长，在华北作战。1941 年 4 月，出任第 11 军司令，先后发动了第二、第三次长沙会战，但均遭失败且损失惨重。之后，被调任第二方面军司令。1943 年晋陆军大将。在出任铃木内阁陆军大臣前，职位则是陆军航空总监。阿南为人固执，视甲午战争、日俄战争中的军国主义将领乃木希典为"终生楷模"。同时，他在日本陆军内部人缘虽好，却又从不隶属任何派系。其子阿南惟茂曾任日本驻中国大使（2001—2006）。

但在为大和民族的荣誉继续进行战斗中，总会有机会的。解除武装办不到，外地①尤其如此。实际上，只有继续战争一条路。如能施展死里求生的战术，就不会彻底失败，反而会有扭转战局的可能。"15 或许对阿南为代表"强硬派"的言论感到厌烦，海军大臣米内光政一反在上午最高战争指导会议上的沉默态度，转而公开发表反对"继续战争"的论调："我认为我方对英美没有取胜的希望，对苏联也是如此……从物质和精神两方面来看，我认为没有取胜的可能。此时此刻，是投降以拯救日本，还是孤注一掷硬是打下去，应该冷静地做出合理的判断。必须放下那一套死不服输和一厢情愿，按照实际情况，光明正大地坚持需要坚持的意见，去进行谈判。"16 之后的会议演变成陆军大臣与海军大臣之间的争锋相对。米内明确表示同意应立即接受宣言，而阿南惟几则坚持认为：无条件投降正无异于作茧自缚，并无法维护所谓

———————————

① 指日本本土以外的侵占地区。

　　　　　　　暴走军国：近代日本的战争记忆

"国体"即天皇制。同时，他还露骨地警告："（陆军）统帅部的空气比我尤为强硬，还不认为战争已经失败。"[17]

入夜后，文部大臣太田耕造突然提出当前时局下"内阁理应总辞"的建议。铃木则满不在乎地回答："我没有集体辞职的打算。我决定让我的内阁来解决现在所面临的重大问题。"尽管坚持强硬立场，但阿南惟几也并未理会这个建议，似乎决定与铃木内阁共进退。对于眼前的政治僵局，铃木并不意外。实际上，他暗地里有着自己的盘算。这位老首相计划在9日深夜以御前会议的形式来召开最高战争指导会议，希望身为天皇的裕仁能以所谓"圣断"的方式来压迫军部妥协，进而促成停战投降。

图 3　米内光政（1880—1948）

学生时代的米内光政成绩平平，在海军兵学校第29期125人中名列第68名。日俄战争期间，曾在驱逐舰上服役。考入海军大学后，以随机应变的本事与娴熟的外语能力为人所瞩目。1915年出任驻俄武官，俄语水平突飞猛进，日后还被戏称为"海军省内唯一一个能用俄语打电话的人"。1930年晋海军中将，任镇海警备府司令，曾发感慨"一周只要工作半天就好了"。之后转任佐世保镇守府司令，其间利用闲暇时间翻译了《拉斯普京秘录》。1936年出任联合舰队司令长官。一年后把这个职位交给了山本五十六，转任海军大臣，晋海军大将。侵华战争爆发之初，一度持所谓"不扩大主义"，但随后改为支持武力解决，曾策划占领了海南岛。1940年曾短暂出任首相，后遭陆军抵制而被迫辞职。与山本五十六、井上成美一道组成了反对对美开战的海军"铁三角"。1944年7月后，重新出任海军大臣。

迟来的"圣断"

依照陈规，召开御前会议需要有首相、海陆两军首脑的签字画押。8月9日这一天，铃木在先后召开最高战争指导会议与内阁会议之前，早已秘密派内阁书记官长迫水久常去找陆海军各长官签名画押。这就是铃木要求迫水所谓"事前做好的准备"。由于担心临时召开御前会议的举措会引起军方怀疑，因此在申请召开御前会议上的文件却并未注明开会的具体日期。陆军省军务局长吉积政雄曾对此提出异议，但为了打消其顾虑，在铃木的授意下，迫水拍着胸脯向他信誓旦旦地保证道：举行御前会议的具体时间需事前征得各方一致同意，而在御前会议上只讨论国策，不做最终决定。[18]然而，铃木早已下定决心要在9日晚上召开这场堪称日本近代历史转折点的会议。

晚上10点半，沉默良久的铃木突然对因长时间讨论而情绪烦躁的阁僚们宣布：他现在就要去觐见天皇，请求御前再召开一次最高战争指导会议。在阁僚惊讶的喧嚣声中，铃木起身快步走出了房间。

晚上11点50分，所谓"御前会议"在御文库地下防空洞召开了。会场所在地是特种防空洞内的一个房间，大约50平方米大小，位于地下10米的深处。参加会议者除了最高战争指导会议的六名正式成员外，还加上了枢密院议长平沼骐一郎、陆海军首脑，以及内阁书记官长。尽管已是深夜，但防空洞内狭小的会议室里依旧闷热。由于是御前会议，所有出席的文官皆着厚重的三件套大礼服，而军人们更是系着风纪扣，众人额头上都挂着不断渗出的汗珠。会上，围绕是否接受《波茨坦宣言》的争论依旧激烈。会议持续到凌晨2点，无论是主和派的东乡茂德、米内光正以及平沼骐一郎，还是主战派的阿南惟几、梅津美治郎与丰田副武均无法说服对方，讨论演变成为彼此不断重复各自的观点。

正当众人期待铃木发表意见之时，老首相却慢慢起身走向天皇并说道："争论已达两个小时之久，遗憾的是结果为三比三，无法进行表决。然而事态紧急，刻不容缓。事已至此，虽然是第一次，确实感到不胜惶恐，但还是请陛下圣断为妥，以圣上考量作为本次会议的结论吧。"听到铃木的请求，裕仁开了口："那我就说说我的意见。我同意外务大臣的意见。"[19]

接着他又讲道：

> 陆海军统帅部的计划常有错误，失掉时机。说是进行本土决战，九十九里滨的防御工事已经迟误，说是不到 8 月底不能完成。关于增编部队也说装备尚未齐备。似乎此情形，怎能迎击敌军！
>
> 空袭日益加剧，若使国民再进一步陷于涂炭之苦，文化遭到破坏，导致人类的不幸，实非朕所心愿。
>
> 此时此际应忍受难以忍受者。解除忠诚的军队的武装，将昨天效忠于朕的人定为战犯，于情实有不忍，但为国家前途计，亦属事不得已。今天应以明治天皇遭受三国干涉时的心境为怀。[20]

8 月 10 日凌晨 2 点半，御前会议正式结束。根据天皇的裁决，日本政府决定接受《波茨坦宣言》，并通过中立国瑞士、瑞典向盟国发出了电文，主旨如下：

日本政府准备接受中美英三国政府首脑于 1945 年 7 月
26 日在波茨坦发表、后经苏联政府赞同的联合公告所列条
款，而附一项谅解，以上几项并不包括有损天皇为最高统治
者权利的要求。日本政府竭诚希望这一谅解获得保证，且望
迅速得到对此的明确表示。[21]

美国东部时间 10 日清晨 7 点 33 分，杜鲁门在白宫收听到了
日本接受《波茨坦宣言》的短波广播。中午，美国国务院收到瑞
士使馆转来的正式投降书。针对日本最关心的天皇制问题，美国
方面所拟的回复如此写道：

从投降时刻起，天皇及日本政府统治国家的权力置于盟
军司令部之下（subject to）。最高司令将采取他认为贯彻投
降条款应有的步骤。天皇及日本大本营须签署实施《波茨坦
宣言》的规定所必需的投降条款，并命令日本所有军队停止
敌对行动、解除武装，且应发布最高司令为使投降条款辅助
实施认为必要的其他命令……日本政府的最终形态，根据
《波茨坦宣言》，将依据日本国民自由表达之意志建立。盟军
将在日本驻扎到《波茨坦宣言》阐述之目的实现为止。[22]

8 月 10 日晚上，英国政府同意了美方所拟的答复。11 日晨，
杜鲁门收到蒋介石"完全同意"的答复。苏联起初则表示怀疑，

　　　　　　　　暴走军国：近代日本的战争记忆

提出最高司令人选问题，后又作罢并表示同意。在取得三国同意后，美国国务院委托瑞士方面将这份正式答复转交了东京。

于是，在昭和天皇的坚持下，日本以所谓"圣断"的方式接受了战败投降的事实。然而，若之前昭和天皇采纳近卫的上奏文下决断停战的话，就不会发生后来惨绝人寰的冲绳战役，更不会有之后广岛、长崎，称之为"迟来的圣断"并不为过。[23]

第二次"圣断"

在等待盟国回复期间，陆军省却自行公开发布训示，要求日本国内各大报刊刊载。通篇依旧是决战到底的论调，喊出"只有毅然决然将维护神州之圣战战斗到底"的口号。11 日，日本各大报纸均予以登载并冠以"死中有生，陆相向全军将士训示"的耸人标题。据传阿南因此受到天皇的斥责。尽管当时普通日本民众并不晓得日本已决定投降，但军队中已引起轩然大波。陆军省各主要部门的青年军官们情绪尤其激动亢奋，大部分都无法接受无条件投降的事实。阿南所发布的训示在某种程度上进一步刺激了他们军国主义的敏感神经。[24]

12 日凌晨，日方收到了盟国的正式回复。外务省将"subject to"译为"受限于"，而陆军方面则将其理解为"隶属于""从属于"，进而以此为理由认为盟国一定会废除天皇制，转而加剧了军方的不满。梅津美治郎甚至认为："明显亵渎了作为国体根基的天皇的尊严，将招致我们的国体破裂，皇国灭亡。"[25] 同一天，在未经最高战争指导会议讨论的情况下，陆军参谋总部擅自向各地司令官发电称美国的答复"违反维护国体的本意，决定断然予以拒绝，仍坚持继续战斗的态度，现正在推行此项国策。因此，要求各军仍需坚决为完成作战任务而奋斗"。[26]在海军方面，向来反对投降的军令部长丰田副武与次长大西泷太郎（神风特攻队的始作俑者）则干脆瞒着海军大臣米内光政，擅自上奏天皇反对接受宣言。[27]

当天，天皇裕仁先后授意内大臣木户幸一、外相东乡茂德先后与铃木贯太郎谈话，促其坚定接受宣言的想法。[28]米内光政则在内阁会议上言辞激烈表示："天皇既已圣断，就必须绝对照办"；同时他异常坦率地指出："遭受原子弹攻击和苏联参战从某种意义上说是上天保佑我们。这样可以回避'停战'二字。我一向主张的收拾时局的理由，既不是敌人攻击的可怕，也不是原子弹和苏联参战，主要是国内形势的令人堪忧的事态。因此今天不将国内形势摆到台面上争论就能收拾时局，毋宁说是幸运的。"[29]米内的言下之意便是：比起战败本身，日本因对外侵略政策而累积的国内社会矛盾很可能在战败后彻底爆发；但如今便可将战败的原因归咎于原子弹袭击和苏联参战，如此也就掩盖了内在矛盾。

13日上午7点10分，阿南拜访了木户，"陈述对联合国家答复的意见，最后表示，照此难以认可"。木户则回答："事到如今，只有接受，别无他途。"双方最后不欢而散。根据阿南副官的回忆："陆相与内大臣会谈之后，在汽车里说：'木户决心很大。对军部颇有反感。指责只有军人钻进深深的防空洞里,而置国民于空袭之下。'"[30]前一天晚上,阿南还曾拜访裕仁的亲弟弟——三笠宫崇仁亲王,希望他出面劝天皇改变接受宣言的决定。然而,却遭到崇仁痛斥,指责陆军自所谓"满洲事变"以来的种种暴行将日本引向了不归路。[①]

从木户处悻悻而归后,阿南在当天举行的最高战争指导会议上再度发难,认为盟国答复"危及国体"。正反双方随即又陷入无休无止的激烈辩论。争论至晚上,铃木首相最终表示:"几经反复阅读,认为美国所写并无恶意……圣上旨意在于和平停战,我愿服从。拟将本日阁议如实上奏,再一次请求圣断。"[31]

实际上,当时美军飞机自8月12日起已在日本本土散发传单,告知广大日本民众日本当局已准备接受《波茨坦宣言》的事实。得知此情况后,内大臣木户幸一担心"敌机正在散发联合国的答复传单。因念如此情况拖延时日,全国有陷入混乱之虑"[32]。而天皇本人也有同样的担心,觉得这些传单到了军队手中,必然会招致哗变。有鉴于此,三笠宫崇仁亲王亦曾告诫陆军方面"绝对不准搞恐怖活动与私自使用军队,否则将会失去天皇陛下的信赖"[33]。

14日早上,裕仁召见了铃木,同意再次举行御前会议且越

---

① 1943—1944年间,三笠宫崇仁曾作为日本陆军军官前往中国战场视察,目睹日军诸多暴行,深受触动,转而同情中国共产党。回国后发表《作为日本人对"支那事变"的内心反省》对日军暴行予以揭露。之后,曾涉嫌参与暗杀东条英机的计划。战后多次公开批判日本侵华罪行,敦促并积极致力于中日关系改善。2016年10月去世,享年100岁。

快越好。起初，陆军方面希望将会议推迟至下午举行，但裕仁认为时间紧迫，决定在上午 11 点就召开会议。[34]

御前会议召开前，在军部的建议下，天皇特别召见了永野修身、杉山元、畑俊六三位元帅①。其中，畑俊六当时人在广岛，奉召后在 14 日清晨才赶回东京。他一进陆军省就感受到一股异样的诡异气氛，曾如此回忆："我从广岛抵京后，一进陆军省，畑中少佐等立即请求我在元帅会议上奏请陛下继续抗战。可见省部波动未息。"[35]正如裕仁所担心以及畑俊六所观察到的那样，陆军内部确实酝酿着一股政变的暗流。

10 日听闻"圣断"决定后，陆军省内部的青年将校便陷入躁动的气氛之中。当天上午 9 点，陆军省军官聚集在陆军大臣办公室里，无一例外言辞激烈地要求阿南惟几辞职，借此让铃木内阁垮台，从而阻止无条件投降的进程，但遭其拒绝。12 日，获悉美国的答复后，陆军内部激进派的反抗情绪更盛。十余名来自陆军省的青年军官"由于痛感形势的恶化，至地下防空洞集合，认真地策划武装政变"，计划通过武装政变的形式"保卫要人，拥戴圣上，期待变更圣意，在此期间的国政于戒严下施行"。主谋有陆军省军务局军务课课长荒尾兴功大佐、课员椎崎二郎中佐、课员稻叶正夫中佐、课员井田正孝中佐、课员椎崎二郎中佐、课员畑中健二少佐等人，其中还有阿南的妻弟竹下正彦。

---

① 自西乡隆盛后，日军的"元帅"仅为名誉称号，而非实际军衔，多授予退休的高级将领。"二战"期间，由于日军规模不断扩大，为对应所谓"总军"的编制，才出现现役"总军司令官"被授予"元帅"的例子。

　　　　　　　暴走军国：近代日本的战争记忆

13 日晚 8 点左右，这批人前往陆军大臣宅邸拜访欲向阿南说明他们紧急制订的"武装政变"计划，声称"纵做逆臣，为要永保国体，明日上午断然开始行动"。他们的计划要旨如下：

一、调动东部军区与近卫师团参与政变；

二、政变部队将切断皇宫与外界联系，逮捕首相、外相、海相及内大臣等"主和派"并实施戒严；

三、在得到确实保证国体不变的承诺前，继续战争；

四、为达上述目标，需要陆军大臣授权并协调统帅部实施。

起初，阿南并未明确表态，只是含含糊糊地说他现在很理解当年西乡隆盛的心情。作为明治维新的最大功臣之一，西乡隆盛晚年因不满明治政府处理"士族问题"的政策而发动了"西南战争"。因此众人觉得阿南是在暗示同意政变计划。在得到阿南同意第二天去向参谋总长梅津美治郎征求意见的承诺后，众人方才散去。而阿南曾私下对荒尾兴功说："诉诸武装政变，因不能得到国民共同努力，本土作战将极为困难。"

14 日清晨 7 点，阿南与荒尾一道会见了梅津美治郎，向其转述了政变计划。梅津当即表示反对，阿南转而附和。当时一同参加会谈并支持政变的某位军务课课员如此记载道："总长首先表示，在皇宫内难以动用兵力，随即全面不予赞同。至此，计划崩溃，万事休矣。"[36]之后，阿南在大臣办公室里会见了负责东京地区治安的东部军司令田中静壹，提醒他注意首都治安警备等事宜，明言若发生武装政变应慎重应对。8 点 10 分左右，阿南再次召集陆军省高级干部训话，要求"全军必须团结一致，在一丝不乱的统制下，为如何体现圣虑而努力，如有敢侵犯统制作乱者，先斩杀我再说"。[37]

尽管政变计划已遭陆军高层否决，但政变团体并未放弃。尤其是椎崎二郎中佐、课员畑中健二少佐等较年轻的军官显得最为激动，并马上着手制订新的政变计划。当时，在陆军省内传递公文的首相秘书官松谷大佐就曾目睹陆军省内部诡异不安的气氛，预感到随时可能爆发军事政变："陆军省的课员们直接与陆相会谈，部内一时出现骚乱情况。感到部内将要出事，给治安带来疑虑。我通过当事者的辅佐人员强烈请求宫中、首相、外相，立即断然决定结束战争。"[38]

铃木请求天皇做所谓"第二次圣断"的御前会议将在这天中午举行。

8 月 14 日上午 10 点，依照军方的建议，三位元帅晋见天皇。裕仁身穿军装，戴白手套，对三位说道："战局骤变，苏联参战，特攻终不能为对抗科学力量。因此除接受《波茨坦宣言》外别无选择。元帅们意见如何？"[39]永野修身率先发言称，"国军仍有余力，而且士气旺盛，继续抗战，可断然击退登陆的美军"，而杉山的意思大致相同。畑俊六则表示"因驻在广岛，最近情况知之不详。但对担任正面的防御，可惜只能说并无把握击退敌人。作为国策虽不得已决定接受《波茨坦宣言》，但也要尽力通过谈判，至少要求保留十个师团作为近卫队"[40]听完三位发言，裕仁坚持认为："战争如此继续下去，形势愈益恶化，而国家终将无一获救，敌方已保证皇室之安泰……虽实难忍受，但经深思熟虑所决定，元帅要协助使之实现。"[41]

送走三位元帅后，御前会议于 10 点 50 分召开，地点仍是皇宫防空洞的地下室。会议开始后，铃木首先报告了前一天最高战争指导会议与内阁会议的讨论经过。接着则是梅津美治郎、丰田副武以及阿南惟几陈述坚持反对接受《波茨坦宣言》的理由。三人说完后，天皇问，是否还有其他意见，随即再一次做了所谓"圣断"。根据梅津美治郎当时的笔记，大致如下：

> 朕异乎寻常的决心未变。从内外形势、国内状况、彼我国力战力进行判断，并非轻率做出的结论。关于国体，敌亦承认，毫无不安之处，关于敌之保障占领，虽不无可虑之处，但如继续战争，则国体与国家之将来同归于尽，一无所存。如现在停战，将来发展的根基尚存。解除武装纵不堪忍受，但为国家与国民幸福计，必须以明治大帝对待三国干涉时同样心情处之。望予赞成。陆海军的统御或有困难。朕亲自广播也可。尽速颁发诏书传达此意。[42]

随后，铃木立即奏请草拟诏书。其实，在"第一次圣断"后诏书起草工作已秘密开始，由迫水久常和汉学家川田瑞穗草拟了第一稿。14 日御前会议结束，又找来阳明学者、"大东亚省"顾问安冈正笃来润色。修订后的文稿在下午 4 点左右被送到了内阁

特報

朝日新聞

昭和二十年八月十五日

けふ正午に重大放送

國民必ず嚴肅に聽取せよ

十五日正午重大放送が行はれる、この放送は眞に未曾有の重

大放送であり一億國民は嚴肅に必ず聽取せねばならない

图4 8月15日《朝日新闻》清楚印发的"号外",通知民众收听"正午的重要广播"

会议的桌上。围绕个别词句的措辞,阿南与米内之间还曾爆发过激烈争论,例如阿南坚持将原稿中"战局日趋恶化"改为"战局未见好转"。经过前后40余处的修改,诏书才最终定稿。

晚上8点半,铃木向天皇呈送了修订后的诏书文本,请求签署并加盖御玺。完成后,各大臣副署。深夜11点左右完成所有手续。20分钟后,裕仁便开始广播录音,前后录了两次,最终选择第二次录音用作正式广播。正式广播的时间定于次日即8月15日中午12点。录音盘当晚由天皇侍从室负责保管。

宫城事件

14日午后时分,"第二次圣断"的最终消息已传到了陆军省。包括陆军大臣、参谋总长在内的陆军高层召开了一次闭门会议。会上,由参谋次长河边虎四郎起草了一份应由陆军高级将领集体联署的协议书,重申并表达"陆军坚决遵从圣断而行动"。傍晚时,参谋总部向关东军、"中国派遣军"、南方军等日本国内外各地驻军正式拍发"关于结束帝国战争"的电文。然而,青年陆军官佐的政变计划并未停止,反而在加速推进中。

下午 3 点左右，政变首谋畑中健二赶往求见东部军司令田中静壹，希望能说服其支持政变计划。结果，未等他开口谈及政变之事，便遭到田中静壹的呵斥并被赶了出来："你跑来我这里干什么？你的想法我一清二楚。什么都不要说。滚回去吧！"由于担心畑中有异常举动，田中副官的右手一直按在刀柄上，双眼死死盯住这名气急败坏的年轻参谋。畑中并未料想到会遭遇如此坚决的拒绝，竟一时说不出话，沉默片刻后敬礼离去。望着畑中离去的背影，田中对副官讲："此事如果不引起注意，就将重蹈永田铁山的覆辙。"[43] 1935 年 8 月 12 日，时任陆军省军务局长永田铁山①在自己办公室里被皇道派军人刺杀。田中预感并没错，但这一天将遭遇"永田铁山"般命运的人并不是他。

在东部军司令部碰壁后，政变集团唯一的希望便是策动近卫师团参与政变。他们与东条英机的女婿、近卫师团参谋古贺秀正取得联系，并说服其共同参与政变。从古贺处，他们得知了 14 日与 15 日负责皇宫警备的是近卫师团第二步兵联队（联队长芳贺丰次郎），立即与其接触。傍晚时分，田中静壹把部下——近卫师团长森赳——叫到了自己办公室提醒他："在这种时候最容易发

---

① 永田铁山（1884—1935），日本陆军统制派的核心人物，与冈村宁次、小畑敏四郎并称为陆军士官学校第 16 期的"三羽鸟"。之后，以次席的成绩于陆军大学第 23 期毕业。早年在欧陆出任武官考察各国军事，20 年代后进入日本陆军中枢，推崇所谓"总体战"理论，希望在日本建立军部主导的军国主义政治体制，被称为"日本陆军第一脑"。1934 年出任陆军省军务局长，次年 8 月 12 日遭皇道派军官刺杀身亡。蒋介石曾在日记中如此评价永田："吾知其老成谋国者，已悔其侵略满洲之所得，不偿其国内伦纪之颓废，吾更为其国民忧也。"

生争夺天皇陛下的战斗。近卫师团的任务尤其重大。"⁴⁴然而，出乎他们意料的是，近卫师团内部已经有人响应政变集团的号召了。就在田中向森赳交待注意事项的同时，芳贺丰次郎一反常规增调了第三大队进入皇宫，与原本已在宫中的第一大队共同执勤，理由是加强警备。尽管基本同意畑中健二的主张，但芳贺依旧不敢擅自犯上作乱，坚持要有师团长森赳的正式命令才行动。

临近零点时，井田正孝等人赶到了近卫师团司令部，在古贺秀正的引进下，向森赳提出政变要求。听完这些年轻人的慷慨陈词后，森赳回答："今天天皇做了圣断，那我就绝对不能容许与陛下意志相反的行动。战斗是根据陛下的命令进行的，退却也是根据陛下的命令进行的。这是近卫师团的本分和责任。"⁴⁵面对森赳坚决不配合的态度，井田正孝拍着桌子，几乎用怒吼一般的声音说道："南美小国巴拉圭在五年战争中一直打到人口失去八成。芬兰如此。我们的敌国中国也如此……阁下，我们也不再说什么了。我们要奋起，要夺回美丽的日本精神。近卫师团在这种时候正应当起中心作用。请阁下做出决断！"⁴⁶结果，森赳却不肯表态，提议大家不如先去明治神宫参拜以求神启。这当然不过是他拖延时间的手段而已。

凌晨1点左右，赶到近卫师团司令部的畑中健二带着另外两名参与政变的参谋冲进了办公室。畑中突然拔枪向森赳射击，同来的另一位参谋同时拔刀朝森赳砍去。森赳的副官亦被斩杀。在重演了当年永田铁山那一幕后，畑中、古贺等人开始伪造师团长命令并以森赳的名义发布：

近师命令[47]

八月十五日〇二〇〇

一、师团之使命是摧毁敌人谋略，维护天皇陛下，捍卫我国国体。

二、近步一长派主力部队占领东二东三营内广场（包含东部军作战室周边）和本丸马场附近，须对外保卫皇室的安全。另派一中队占领东京广播局，封锁广播线。

三、近步二长派主力部队在皇宫吹上地区对外守卫皇室的安全。

四、近步六长继续执行现在的任务。

五、近步七长派主力在二重桥前切断皇宫外围。

六、GK 长派 TK 中队前进至代官町，主力待命。

七、近炮一长待命。

八、近工一长待命。

九、近卫机炮大队长以当前姿态守卫皇宫。

十、近卫一师通长派兵切断皇宫至师团司令部之间以外的皇宫通讯网。

十一、我于师团司令部据守。

近师长　森赳

收到命令后，芳贺丰次郎的第二步兵联队开始行动。首先，政变部队开始占领皇宫各处宫门，切断电话联系，解除皇室警察的武装，禁止一切人员进出。同时，为防止终战诏书播出，政变军人还派部队去占领位于千代田区内幸町的广播会馆。同时，在畑中、古贺等人的指挥下，近卫师团的士兵开始搜查宫内省，希望能找到天皇录音的录音盘。发现近卫师团异动的内大臣木户幸一和宫内大臣石渡庄太郎及时逃进地下金库室，侥幸躲过追捕；而放在皇后宫内事务所保险库的录音盘也未被发现。此外，凌晨5点左右也曾有响应畑中、古贺的个别军人与右翼组织企图刺杀首相铃木贯太郎以及内阁书记官长迫水久常。[48]

近卫师团内，最早感觉事态不对劲的可能是第七步兵联队长皆美贞作。他对"派主力在二重桥前切断皇宫外围"的命令感到疑惑，于是直接打电话到了东部军司令，称：师团长命令可疑，很可能是伪造的。此时，政变团伙的井田正孝等人就在东部军司令部，还在企图说服东部军参谋长高岛辰彦同意"举事"，但他们隐瞒了森赳被杀一事。得知森赳被杀真相的高岛辰彦，断然拒绝了政变军官的要求并急忙向司令长官田中静壹报告。田中决定坚决镇压叛乱，首先派人前往近卫师团司令部确认森赳已死，接着命令近卫师团下属各联队长紧急集合并告知"师团长遇害、伪命令无效"。凌晨4点，田中本人率领部队前往皇宫。

同时，之前积极配合政变行动的芳贺丰次郎也开始了动摇。他一直认为政变行为是森赳乃至陆军大臣默许的，但行动开始后一直未得到来自陆军高层的任何指示。数个小时过去后，芳贺亢奋的热情逐渐褪去，心中的疑虑则越来越大，转而要求畑中等人提供师团长或陆军大臣支持政变的证据。4点20分，陆军省收到了第一份有关叛乱事件的报告：

8 月 15 日 4 时 20 分

畑中、井田杀害近卫师团长

近卫步兵第二联队（以两个大队）占领宫城。

有必要弄清进入宫内的真意何在，电话不通。

东部军迅速指定代理近卫师团长。

命令各以一个联队占领宫中、宫城前、竹桥。[49]

刚过 5 点，田中静壹率领部队入宫未遇抵抗，当面向芳贺说明情况并下达解除占领命令，释放扣押人员。上午 8 点 20 分，田中在内大臣的陪同下，拜见天皇报告事态已解决。当时，裕仁并不清楚当晚究竟发生了什么，事后知道来龙去脉亦感惊愕：

我在 14 日晚 9 点过后，因为签署了接受《波茨坦宣言》的诏书，以为这样一切都已敲定，不料陆军省大概觉得没有公开广播就无效，于是使出手段想阻碍广播播放……宫内省的电话线也被切断了，御书房的周围已经被士兵包围。幸好我所在的居所士兵好像不知道，因为防备空袭铁门也锁闭着。听说这一骚动，田中静壹军司令官派兵压制了这些士兵，事件得以平息。[50]

田中前往拜见天皇的同一时刻，仍不死心的畑中健二又前往广播电台，要求向全国发表广播演讲阐述他们的所谓"爱国忠君"的心声。然而，这种近乎癫狂的要求，自然没有实现。心灰意冷的井田正孝在政变失败后，又去陆军大臣官邸拜访，结果却在那儿目睹了阿南惟几切腹自杀的一幕。上午 11 点半左右，畑中健二、椎崎二郎在绕着皇宫散发完所谓"护持国体"的传单后，在二重桥边的草坪前自杀。

半个小时后，1945 年 8 月 15 日中午 12 点整，日本全国广播开始播放天皇裕仁宣读的《终战诏书》。诏书发布的同时，铃木内阁宣布总辞职。

日本史上最长的一天终告结束。

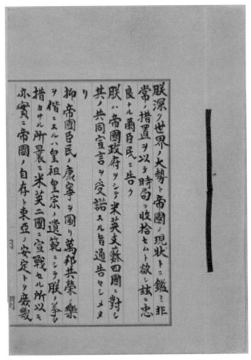

图 5　《终战诏书》原本首页

暴走军国：近代日本的战争记忆

スルニ出テ他國ノ主權ヲ排シ領土ヲ侵スカ如キ
ハ固ヨリ朕カ志ニアラス然ルニ交戰已ニ四歲
ヲ閲シ朕カ陸海將兵ノ勇戰朕カ百僚有司
ノ勵精朕カ一億衆庶ノ奉公各〻最善ヲ盡セル
ニ拘ラス戰局必スシモ好轉セス世界ノ大勢亦我ニ利
アラス加之敵ハ新ニ殘虐ナル爆彈ヲ使用シテ頻ニ無辜ヲ殺傷シ慘害
ノ及フ所眞ニ測ルヘカラサルニ至ル而モ尚交戰ヲ
繼續セムカ終ニ我カ民族ノ滅亡ヲ招來スルノ
ミナラス延テ人類ノ文明ヲモ破却スヘシ斯ノ
如クムハ朕何ヲ以テカ億兆ノ赤子ヲ保シ皇祖

皇宗ノ神靈ニ謝セムヤ是レ朕カ帝國
政府ヲシテ共同宣言ニ應セシムルニ至レル所
以ナリ
朕ハ帝國ト共ニ終始東亞ノ解放ニ協力セ
ル諸盟邦ニ對シ遺憾ノ意ヲ表セサルヲ得
ス帝國臣民ニシテ戰陣ニ死シ職域ニ殉シ非
命ニ斃レタル者及其ノ遺族ニ想ヲ致セハ五
内爲ニ裂ク且戰傷ヲ負ヒ災禍ヲ蒙リ家業
ヲ失ヒタル者ノ厚生ニ至リテハ朕ノ深ク軫念ス
ル所ナリ惟フニ今後帝國ノ受クヘキ苦難ハ

图 6　《终战诏书》原件第二、三页

固ヨリ尋常ニアラス爾臣民ノ衷情モ朕善
ク之ヲ知ル然レトモ朕ハ時運ノ趨ク所堪ヘ
難キヲ堪ヘ忍ヒ難キヲ忍ヒ以テ萬世ノ爲ニ
太平ヲ開カムト欲ス
朕ハ茲ニ國體ヲ護持シ得テ忠良ナル爾臣
民ノ赤誠ニ信倚シ常ニ爾臣民ト共ニ在リ
若シ夫レ情ノ激スル所濫ニ事端ヲ滋クシ或
ハ同胞排擠互ニ時局ヲ亂リ爲ニ大道ヲ誤
リ信義ヲ世界ニ失フカ如キハ朕最モ之ヲ戒
ム宜シク擧國一家子孫相傳ヘ確ク神州ノ

不滅ヲ信シ任重クシテ道遠キヲ念ヒ總力ヲ將來ノ建
設ニ傾ケ道義ヲ篤クシ志操ヲ鞏クシ誓テ國體
ノ精華ヲ發揚シ世界ノ進運ニ後レサラムコトヲ期スヘシ爾臣
民其レ克ク朕カ意ヲ體セヨ

裕仁

天皇御璽

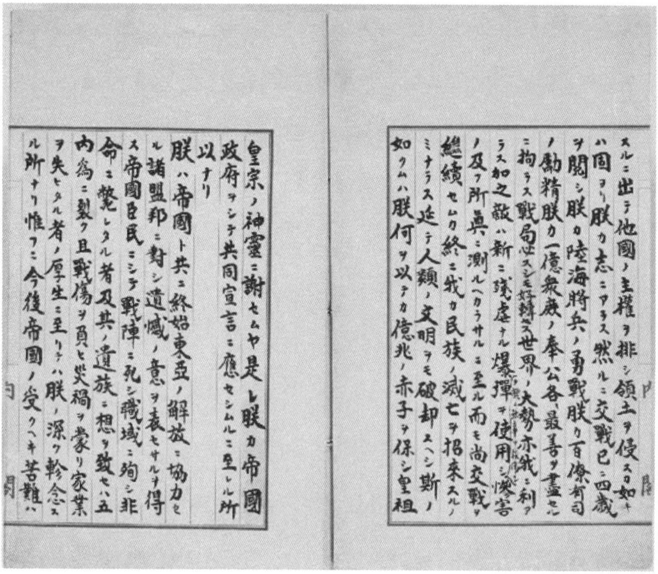

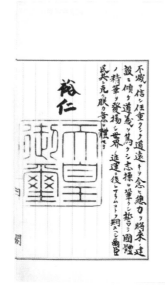

图 7　《终战诏书》原件第四、五页

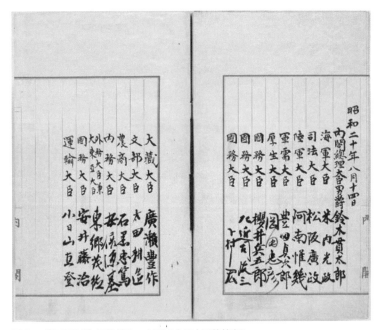

图8 《终战诏书》原件第六、七页（内阁大臣的签名）

图9 昭和天皇"终战玉音放送"录音原盘

资料来源：宫内厅システム，http: //www. kunaicho. go. jp/kunaicho/koho/ taisenkankei/syusen/syusen-ph. html。

暴走军国：近代日本的战争记忆

七十年后

整整七十年后，2015 年 8 月由日本知名电影公司松竹映画拍摄的影片《日本最长的一天》（日本のいちばん長い日）开始在日本国内各大影院正式上映。上映时间恰逢"世界反法西斯战争胜利七十周年"，亦是日本国内所谓"终战七十周年"的纪念日。这部汇聚役所广司、本木雅弘、松坂桃李、堤真一及山崎努等日本新老一线明星的大片，主要讲述的正是日本正式投降前夕，各方的政治博弈、军方的未遂政变，以及裕仁天皇最终做出所谓"圣断"并正式对外颁布《终战诏书》的经过。

战后，最早向大众详细描述这段跌宕起伏之故事者，当属文艺春秋出版社编辑半藤一利执笔的《日本最漫长的一天：决定命运的八月十五日》。此书最初的缘起是 1963 年文艺春秋下属"战史研究会"的座谈会，希望搜集当时已披露的资料来描写这一天的风云变幻又或是被称为"二十四小时维新"的变局。全书采取了一种类似"报告文学"的写作手法，从 1945 年 8 月 14 日下午 1 点天皇皇宫地下防空洞的"御前会议"写起，搁笔于 15 日正午 12 点《终战诏书》正式对外广播的那一刻。

出版之初，由于市场营销的考虑，此书作者署名是当时日本最著名的新闻评论家大宅壮一，而非半藤一利本人。直到半藤一利离开《文艺春秋》杂志社后，才又重新获得了此作的编著署名权。凭借此书"叫好又叫座"的巨大成功，原本名不见经传的半

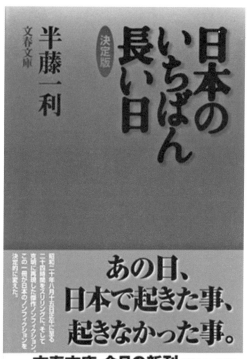

图 10　2006 年文春文库重新出版了《日本最漫长一天·
决定版》

　　1985 年，国内的国际文化出版公司曾根据英译摘录本翻
译出版过，取名为《日本史上最长的一天——八一五投降纪
实》。2009 年，重庆出版社正式引进出版了该作，译为"日
本最漫长的一天"。

藤一利也获得了"昭和史著作第一人"的大名，几十年间著作等
身，至今仍笔耕不辍。

　　《日本最漫长的一天》出版仅仅两年后，东宝电影公司便决
定将其搬上大银幕，由知名导演冈本喜八执导筒，大明星三船敏

郎担纲主角——出演陆军大臣阿南惟几。这部拍摄于20世纪60年代的电影，给人印象最深的片段并非御前会议上究竟是"本土决战"还是"宣布投降"的激烈争论，而是三船敏郎几乎在银幕上逼真再现了阿南惟几切腹自杀的惊人过程。

8月14日，当天皇做出"第二次圣断"后，阿南惟几彻底放弃抵抗，用半藤一利的话来说便是"帝国陆军七十年的历史正在眼前一点点地崩溃坍塌"。15日凌晨5点半，这个"二战"结束前日本的最后一任陆军大臣在家中切腹自杀。阿南惟几切腹后，拒绝下属协助"介错"的要求，而是自己拔出短刀砍向颈部动脉。整场血腥的自杀表演持续了一个多小时，直到7点10分阿南惟几才真正断气。在冈本喜八的电影中，以异常写实的风格描述了自杀的全过程，以至让观众在黑白银幕上都能感受到那一

图11 《日本最漫长的一天》1967版电影的片头

图 12 《日本最漫长的一天》2015 版电影的海报

股股喷涌而出的鲜血。

时隔近五十年，《日本最漫长的一天》又再度被松竹电影搬上大银幕。导演换成了多以类型片见长的战后一代导演——原田真人。剧本以半藤一利日后修订再版的《日本最长的一天·决定版》为基础，亦由原田真人负责编剧。第一主角依旧是阿南惟几，但出演者则是"文艺气质"较重的老牌男星役所广司。相较于冈本喜八的版本，新版最大的不同之处或许是将天皇裕仁同样设定为电影的主要角色之一。

在老版电影中，原本在书中的重要角色——天皇裕仁只出现过寥寥数个镜头且基本都没有正面镜头，多以侧后方的虚镜处理为主。新版则将裕仁设为第二主角，由本木雅弘出演，对裕仁的描写也成为本片的最大卖点之一。比较明显的迹象就是此次新版的官方英文译名便是"*The Emperor in August*"（《八月的天皇》）。这不由让人想起，2013 年美国拍摄的另一部类似主题的电影——《天皇》（*Emperor*），试图从美国人的角度来探讨天皇裕仁是否有罪的问题：既然所谓"圣断"对日本投降起到了关键性作用，那就证明了天皇拥有实际的、至高无上的政治权力。那他是否也应对发动侵略战争负责呢？

实际上，战后日本国内社会就曾对此议论纷纷。50 年代初，裕仁就曾为自己进行过辩解：

关于战争，据说近来都在议论说，这次战争是因为我让停止才结束的，但既然能让停止，为什么开战前不阻止呢？看来这个疑问的确有一定道理，听起来也觉得确实如此。然而，那是不可能的。

当然，我国有庄严的宪法，天皇必须根据这部宪法的条文行事。还有依据这部宪法庄严地授以权限负责处理国务的国务大臣……如果我只是随当时的心意，时而批准，时而驳回，则承办的负责者无论怎样竭尽全力，也会由于天皇的心意不一样而不知如何是好，以致作为负责者不能在国政方面负起责任来。这显然是天皇破坏宪法。如果是政治专制国家，这或许还可以；但作为立宪国家的君主，我不能这样做。

不过，停战时跟开战时情况不同。那时，由于在停战还是继续战争的问题上出现两种论点，互相对立，争论无结果，所以以铃木在最高战争指导会议上问我支持哪一方。这时，我才有既不触及谁的责任，又不侵犯谁的权限，而能够自由阐述个人意见的机会。于是，我讲了预先想好的意见，使战争停止了。[51]

裕仁本人的说法以及铃木贯太郎等人的回忆构建了战后日本社会对所谓"终战"与"圣断"的基本认知。无论是在半藤一利的原作中，还是前后两版《日本最漫长的一天》的电影中，裕仁都在有意无意间被塑造成一位忧国忧民、不计个人安危荣辱的立宪明君。正如日本历史学者纐缬厚所评价的那样：日本国内的战后舆论将昭和天皇的战争责任相对淡化了，"有意识的也好，无意识的也罢，终归是将其置于评价的对象之外了"[52]。战后日本文化思想界的著名人物鹤见俊辅也揶揄过所谓"终战诏书"的虚伪性："天皇只说自己国家受害了，却不提让其他国家的人民受害的事，觉得很不对劲……不正是他长期以来在做着残酷的事情吗?"[53]

实际上，直到冲绳战役彻底失败前，裕仁仍对战局心存幻想。在听闻美国在广岛投下原子弹后，他确实讲过"既然连这样的武器都动用了，那么战争就不可能再继续下去了"；但在御前会议上也含泪讲过："想到那些对我忠心耿耿的人们将作为战争罪犯，有可能被处死，我心里就充满痛苦。"

1945 年 8 月 15 日正午，在播放完裕仁本人宣读的《终战诏书》录音后，还由播音员朗读了《内阁告谕》。其中，有那么一句话："蒙圣德宏大无边，为世界和平、臣民安康，于兹颁布大诏。"这种暧昧不清的表述与明治维新以来日本社会的战争认知与历史记忆一脉相承，亦如明治天皇在日俄战争前夕讨论是否开展的御前会议上所念的那句诗："四海之内皆兄弟，何缘风雨乱人间。"

本章文献注释：

1 鈴木貫太郎『鈴木貫太郎自伝』、時事通信社、1966 年、276—277 頁。

2《近卫公爵传言记》，转引自纐缬厚著，毕克寒、张权译：《"圣断"的虚构与昭和天皇》，辽宁教育出版社 2015 年版，第 65 页。

3《近卫公爵传言记》，转引自纐缬厚著，毕克寒、张权译：《"圣断"的虚构与昭和天皇》，辽宁教育出版社 2015 年版，第 65 页。

4 宫内庁『昭和天皇実録　第九』、東京書籍、2016 年、705 頁。

5 宫内庁『昭和天皇実録　第九』、東京書籍、2016 年、705—706 頁。

6 日本防卫厅研究所战史室编纂，天津市政协编译委员会译校：《日本军国主义侵华资料长编（下）——〈大本营陆军部〉摘译》，四川人民出版社 1987 年，第 622 页。

7 宫内庁『昭和天皇実録　第九』、東京書籍、2016 年、718 頁。

8 東郷茂徳『時代の一面—東郷茂徳外交手記』、原書房、2005 年、332—333 頁。

9 法眼晋作著，袁靖等译：《二战期间日本外交内幕》，中国文史出版社 1993 年版，第 121 页。

10「伏時の真相　鈴木内閣書記官長迫水久常手記」、請求番号：C14110797300，防衛省防衛研究所。

11 半藤一利著，杨庆庆、王萍、吴小敏译：《日本最漫长的一天：决定命运的八月十五日》，重庆出版社 2009 年版，第 3 页。

12 鈴木貫太郎『鈴木貫太郎自伝』、時事通信社、1966 年、282 頁。

13「伏時の真相　鈴木内閣書記官長迫水久常手記」、請求番号：C14110797300，防衛省防衛研究所。

14 半藤一利著，杨庆庆、王萍、吴小敏译：《日本最漫长的一天：决定命运的八月十五日》，重庆出版社

2009 年版，第 17 页。

15 服部卓四郎著，张玉祥等译：《大东亚战争全史》下卷，世界知识出版社 2016 年版，第 1250 页。

16 服部卓四郎著，张玉祥等译：《大东亚战争全史》下卷，世界知识出版社 2016 年版，第 1250—1251 页。

17 服部卓四郎著，张玉祥等译：《大东亚战争全史》下卷，世界知识出版社 2016 年版，第 1252 页。

18「伏時の真相 鈴木内閣書記官長迫水久常手記」，請求番号：C14110797300，防衛省防衛研究所。

19 木戸幸一『木戸幸一日記 下巻』、東京大学出版会、2009 年、1224 頁；宮内庁『昭和天皇実録 第九』、東京書籍、2016 年、754—755 頁。

20 转引自服部卓四郎著，张玉祥等译：《大东亚战争全史》下卷，世界知识出版社 2016 年版，第 1255—1256 页。

21 服部卓四郎著，张玉祥等译：《大东亚战争全史》下卷，世界知识出版社 2016 年版，第 1252 页。

22 服部卓四郎著，张玉祥等译：《大东亚战争全史》下卷，世界知识出版社 2016 年版，第 1260 页。

23 高桥哲哉著，徐曼译：《国家与牺牲》，社会科学文献出版社 2008 年版，第 58—59 页。

24 半藤一利『昭和史 1926—1945』、平凡社ライブラリー、2009 年、

487 頁。

25 半藤一利著，杨庆庆、王萍、吴小敏译：《日本最漫长的一天：决定命运的八月十五日》，重庆出版社 2009 年版，第 17 页。

26 服部卓四郎著，张玉祥等译：《大东亚战争全史》下卷，世界知识出版社 2016 年版，第 1262 页。

27 半藤一利『昭和史 1926—1945』、平凡社ライブラリー、2009 年、485—486 頁。

28 服部卓四郎著，张玉祥等译：《大东亚战争全史》下卷，世界知识出版社 2016 年版，第 1253—1254 页。

29 "米内海相面谈（1945 年 8 月 12 日）"转引自纐纈厚著，毕克寒译：《"圣断"的虚构与昭和天皇》，辽宁教育出版社 2015 年版，第 107 页。

30 日本防卫厅研究所战史室编纂，天津市政协编译委员会译校：《日本军国主义侵华资料长编（下）——〈大本营陆军部〉摘译》，四川人民出版社 1987 年版，第 685—686 页。

31 日本防卫厅研究所战史室编纂，天津市政协编译委员会译校：《日本军国主义侵华资料长编（下）——〈大本营陆军部〉摘译》，四川人民出版社 1987 年版，第 688—689 页。

32 木戸幸一『木戸幸一日記 下巻』、東京大学出版会、2009 年、1226 頁；日本防卫厅研究所战史室编纂，天津市政协编译委员会译校：《日本

军国主义侵华资料长编（下）——
〈大本营陆军部〉摘译》，四川人民
出版社 1987 年版，第 697 页。

33 日本防卫厅研究所战史室编纂，天
津市政协编译委员会译校：《日本军
国主义侵华资料长编（下）——
〈大本营陆军部〉摘译》，四川人民
出版社 1987 年版，第 690 页。

34 宮内庁『昭和天皇実録 第九』、東
京書籍、2016 年、764 頁。

35 日本防卫厅研究所战史室编纂，天
津市政协编译委员会译校：《日本军
国主义侵华资料长编（下）——
〈大本营陆军部〉摘译》，四川人民
出版社 1987 年版，第 700 页。

36 日本防卫厅研究所战史室编纂，天
津市政协编译委员会译校：《日本军
国主义侵华资料长编（下）——
〈大本营陆军部〉摘译》，四川人民
出版社 1987 年版，第 698 页。

37 日本防卫厅研究所战史室编纂，天
津市政协编译委员会译校：《日本军
国主义侵华资料长编（下）——
〈大本营陆军部〉摘译》，四川人民
出版社 1987 年版，第 699 页。

38 日本防卫厅研究所战史室编纂，天
津市政协编译委员会译校：《日本军
国主义侵华资料长编（下）——
〈大本营陆军部〉摘译》，四川人民
出版社 1987 年版，第 702 页。

39 宮内庁『昭和天皇実録 第九』、東
京書籍、2016 年、765 頁。

40 日本防卫厅研究所战史室编纂，天
津市政协编译委员会译校：《日本军
国主义侵华资料长编（下）——
〈大本营陆军部〉摘译》，四川人民
出版社 1987 年版，第 700 页。

41 日本防卫厅研究所战史室编纂，天
津市政协编译委员会译校：《日本军
国主义侵华资料长编（下）——
〈大本营陆军部〉摘译》，四川人民
出版社 1987 年版，第 701 页。

42 摘自日本防卫厅研究所战史室编纂，
天津市政协编译委员会译校：《日本
军国主义侵华资料长编（下）——
〈大本营陆军部〉摘译》，四川人民
出版社 1987 年版，第 703 页。

43 半藤一利著，杨庆庆、王萍、吴小
敏译：《日本最漫长的一天：决定命
运的八月十五日》，重庆出版社
2009 年版，第 64—65 页。

44 半藤一利著，杨庆庆、王萍、吴小
敏译：《日本最漫长的一天：决定命
运的八月十五日》，重庆出版社
2009 年版，第 85—86 页。

45 半藤一利著，杨庆庆、王萍、吴小
敏译：《日本最漫长的一天：决定命
运的八月十五日》，重庆出版社
2009 版年版，第 137 页。

46 半藤一利著，杨庆庆、王萍、吴小
敏译：《日本最漫长的一天：决定命
运的八月十五日》，重庆出版社
2009 年版，第 138 页。

47 半藤一利著，杨庆庆、王萍、吴小

敏译：《日本最漫长的一天：决定命运的八月十五日》，重庆出版社2009年版，第141—142页。

48 木戸幸一『木戸幸一日記　下卷』、東京大學出版會、2009年、1226頁。

49 日本防卫厅研究所战史室编纂，天津市政协编译委员会译校：《日本军国主义侵华资料长编（下）——〈大本营陆军部〉摘译》，四川人民出版社1987年版，第722页。

50 寺崎英成『昭和天皇独白録』、文藝春秋、1995年、257頁.

51 藤田尚德：《侍从长日记》转引自升味准之辅著，郭洪茂译，董果凉校：《日本政治史》第三册，商务印书馆1997年版，第819页。

52 纐纈厚著，毕克寒、张权译：《"圣断"的虚构与昭和天皇》，辽宁教育出版社2015年版，第65页。

53 鹤见俊辅、上野千鹤子、小熊英二著，邱静译：《战争留下了什么——战后一代的鹤见俊辅访谈》，北京大学出版社2015年版，第83页。

第二章

203 高地

昨有西友得烟台来信云：华历五月二十七日旅顺之战传闻日军之战死暨受伤而仆者不下二万人。俄帅派出工兵将尸骸埋葬，迭被日军击退，急切不得成功。日来炎暑蒸腾，蝇蚋攒集。臭秽之气远闻数里。民人触此恐将来不免疫疠繁兴也……[1]

——"旅顺余闻"，《申报》，1904 年 7 月 27 日

上述这段文字出自 1904 年《申报》对日俄战争中旅顺围攻一役的新闻报道。只言片语中，已能窥出当时战斗之血腥。围绕旅顺展开的这场围攻成了日俄战争中历时最长、伤亡亦最惨重的一场战役。

而整场日俄战争不仅成为 20 世纪帝国主义列强惨烈厮杀的一个不祥预兆，亦成为日本彻底滑向军国主义深渊的另一个重要转折点。而这场战争也成为之后数十年间日本各类军国主义思潮与政治统治法理依据的意识形态渊源。例如 1945 年日本投降前夕，天皇裕仁发表所谓"圣断"时就曾提到，"今天应以明治天皇遭受三国干涉时的心境为怀"。

所谓"三国干涉"便是指甲午战争后，沙俄联合德国、法国为各自利益要求日本政府放弃占领辽东半岛。最终，日本迫于压力不得不照办，但却依旧向清廷索要"赎辽费"作为补偿。同时，开始将沙俄视为下一个对手，等待报这"一箭之仇"的时机。

走向战争之路

日、俄正式对垒整整十年之前，甲午战争硝烟见证了一个老大帝国的沉沦与另一个新兴列强的诞生。十年之后，已在军国主义扩张的道路上狂奔的日本，便再次以近乎赌博的方式与看似强大的沙俄在中国的土地进行了一场更为残酷的较量。

甲午之后，义和团事起，八国联军侵华。1901 年 9 月 7 日，清廷与各列强签订了《辛丑条约》。在 4.5 亿两海关银赔款中，俄国除了分得最多赔款外，还企图继续军事占领整个中国"满洲"地区，以各种理由拖延撤兵进度。俄国在东北亚势力膨胀的速度出乎日本之预料。在东京决策层看来，若继续坐视俄国势力东进，那朝鲜半岛沦为其势力范围也是早晚之事。为应对此局面，日本开始了军事和外交两手准备。

军事方面，自甲午战争后日本一直积极备战，迎接预料中的日俄冲突。经甲午一役，日本从清廷获得的赔款总额高达 2 亿 3150 万库平银，当时折合约 3 亿 5836 万日元。长久以来，在日本如何使用这笔赔款的传闻中，最出名的故事就是将之大部分用于振兴日本教育。诚然当时日本确实曾用赔款设立教育基金建立了京都帝国大学，然而这在整笔赔款中所占的比例根本微不足道，仅为 2.9％。根据事后统计，84.7％的赔款用于军事相关用途。其中，直接用于海军、陆军扩军的费用合计超过赔款总额的50％，达到 1 亿 7931 万日元，接近 1894 年日本政府财政收入的两倍。赔款具体使用情况如下：

表格 1　甲午战争赔款主要用途

事项	金额（万日元）	占比（％）
海军扩张费	12 527	36.4
陆军扩张费	5404	15.7
军舰鱼雷艇补充基金	3000	8.7
临时军费特别会计收入	7896	23
1897 年临时军费运输通信费转入	321	0.9
1898 年一般预算补充费	1200	3.5
皇室编入费	2000	5.8
八幡制铁所设置费	58	0.2
防灾准备金	1000	2.9
教育基金（京都大学）	1000	2.9

资料来源：《明治财政史》第二卷，转引自户部良一著，韦平和、孙维珍译：《日本陆军史：近代化的异化》，社会科学文献出版社 2016 年版。

表格 2　甲午战争后至日俄战争期间的日本军费支持情况表

年份	财政支出总额（千日元）	军费支出（千日元）	军费占比（％）	陆军占比（％）	海军占比（％）
1896	168 857	73 248	43.4	31.5	11.8
1897	223 679	110 543	49.4	26.9	22.5
1898	219 758	112 428	51.2	24.5	26.6
1899	254 166	114 213	44.9	20.7	24.3
1900	292 750	133 113	45.5	25.6	19.9
1901	266 857	102 361	38.4	21.9	16.5

年份	财政支出总额 （千日元）	军费支出 （千日元）	军费占比 （%）	陆军占比 （%）	海军占比 （%）
1902	289 227	85 768	29. 7	17. 1	12. 6
1903	249 596	83 002	33. 3	18. 8	14. 5

资料来源：户部良一著，韦平和、孙维珍译：《日本陆军史：近代化的异化》，社会科学文献出版社 2016 年版。

在俄国威胁的阴影下，凭借甲午赔款，日本海军在日俄战争前完成了"六六舰队"（六艘战列舰、六艘装甲巡洋舰）的扩军目标，跻身一流海军强权。从清廷获得的赔款中，相当大一部分根本就没有转移回日本，而是在伦敦当地就直接付给了英国船厂订购军舰。与此同时，陆军的常备兵力也几乎扩大了两倍，从甲午战争时的 7 个师团猛增至 13 个师团。在这个扩军备战的过程中，客观上刺激了日本国内重工业的发展，但这种畸形的赔款使用方式也造就了日本之后扩张型的国家发展模式。

外交方面，当时忌惮俄国东进者并不只有日本，正陷入布尔战争泥潭的"日不落帝国"同样担心自己在东亚的利益受其威胁。有鉴于此，英国与日本在不到四个月的时间内就迅速磋商并敲定了《英日同盟协定》。1902 年 1 月 30 日，双方在伦敦正式签署该协定并即时生效。条约规定英日两国各自同第三国发生战争时，另一国保持中立；但当其他国家加入"第三国"战争后，两国则共同参战。该条约的签订，意味着英国为日本在远东"单挑"俄国开了绿灯，同时也威慑当时与俄国关系亲密的法国，阻止其介入战事。有了英国人撑腰，日本开始就所谓"'满洲'与朝鲜半岛"问题向圣彼得堡提出外交交涉。

1903 年 7 月，日俄围绕中国"满洲"及韩国问题开始了新一轮也是最后一轮外交谈判。双方从圣彼得堡一直谈到东京，始终未取得任何实质进展。日方的底线是伊藤博文提出的所谓"'满'韩交换论"，即通过承认俄国在中国东北地区利益换取日本支配乃至吞并韩国的自由。以时任财政大臣的维特伯爵为代表的俄国主和派认为，"……大体上日本的提议是可以考虑接受的"，但最终沙皇尼古拉二世还是选择站在了主战派一边。[2]7 月 30 日，尼古拉二世在未征询重臣的情况下，突然设立一个钦命远东总督的职位，由阿列克塞耶夫海军上将（Yevgeni I. Alekseyev）出任。这位沙皇宠臣将全权负责贝加尔湖以东地区的军政乃至外交大权，处理对中国、日本以及朝鲜半岛的一切事务。得知此消息后，维特曾感叹："我只知道我的主张永远不会被采纳了，而一场不幸的战争则在所难免。"[3]

以阿列克塞耶夫为代表的俄国主战派则认为，所谓"满洲问题"是中俄之间的问题，日本原本就无权插手；而日本也不得在朝鲜半岛大规模驻军，甚至要求在半岛设立中立区。1903 年 9 月后，尼古拉二世潇洒地去了亚历山德拉皇后的娘家达姆施塔特度假，把对日外交谈判的重责全部丢给了远东总督阿列克塞耶夫，连外交大臣拉姆斯多夫伯爵都无从插手此事。于是，双方的外交谈判陷入无休无止的拉锯。俄国的如意算盘变成"以拖待变"，只待西伯利亚大铁路的正式建成通车，沙俄庞大的军事力

图 13　日俄战争前夕日本国内讽刺俄国扩张的政治漫画

资料来源：Kisaburo Ohara: A Humorous Diplomatic Atlas of Europe and Asia（Cornell University Library），Digital ID: 1145. 01。

量便能迅速部署到远东，进而彻底压迫日本屈服，所以"时间是俄国最好的朋友"。而日本方面对此心知肚明，时任参谋总长、日后的"满洲军"总司令大山岩在上奏明治天皇时就曾明确指出："虽然目前的战略关系对我国有利，但随着时间的推移，敌我形势有可能逆转。"[4]

在日趋紧迫的背景之下，东京最终决定在 1904 年与俄罗斯帝国彻底摊牌。1904 年 1 月初，日本驻俄公使栗野慎一郎私下找到维特，希望他能提醒外务大臣拉姆斯多夫伯爵务必尽快回复日本最近的外交通牒。清楚兹事体大的维特马上转告了此事。结

　　　　　　　暴走军国：近代日本的战争记忆

果，拉姆斯多夫伯爵却向他抱怨："我没有办法，我没有参与这个谈判。"[5] 换而言之，实际主导对日谈判的远东总督阿列克塞耶夫坚持对日采取不妥协的强硬态度，甚至认为"东洋猴子"根本不敢正面挑战沙俄。总督的狂妄自负连当时中国媒体都有所耳闻，认为其"冒险贪功以致酿成此事"[6]。

与此同时，日本国内对俄开战的叫嚣几乎已成为"社会舆论共识"。在外交谈判陷入僵局后，日本社会各界均开始配合政府及军方内部主战派的主张，煽动"日俄必有一战"的舆论氛围。大正年间曾出任首相的原敬①当时曾在日记中感慨："今日之情况，国民之多数虽心望和平，但道之者无……有如除少数论者外，皆内心不好战争，然而实则日趋接近战争之状态。"[7]1904 年 2 月 6 日，也就是原敬写下上述这段文字的一天前，在明治天皇的御前会议上，日本政府正式做出了对俄开战的最终决断，立刻向陆海军下达了总动员令。紧接着，日本驻俄公使栗野慎一郎正式照会拉姆斯多夫伯爵，宣布两国断交。得知断交消息后，沙皇尼古拉二世电谕阿列克塞耶夫，要求根据一线情况自行决定是否在远东地区实施军事动员。2 月 7 日，俄占关东州境内的日本侨民开始紧急撤离。种种迹象均表明日军即将对俄采取军事行动，但手握沙皇电文的阿列克塞耶夫却顽固地拒绝采取任何备战措施。

1904 年 2 月 8 日深夜，日本联合舰队的鱼雷艇偷袭了驻扎旅

---

① 原敬（1856—1921），近代日本的知名外交家、政治家，政党政治的代表人物。1918 年出任首相。由于一直谢绝贵族头衔，而有"平民宰相"之称。三年后遭右翼分子刺杀，死于大阪。

顺的俄国舰队，击毁 2 艘战列舰与 1 艘巡洋舰。双方正式进入战斗状态。9 日，沙俄向日本宣战。次日，日本向沙俄宣战。

日本对俄断交文告[8]

俄国政府对于日本关于韩国之提案坚决拒绝，并提出难妥协之修正案，惟帝国政府认其提案实为确保韩国独立并拥护帝国在该半岛之优越利益上紧要不可缺者。又俄国对于与清国所订条约及在"满洲"地方有利益之诸国虽曾累次予以保障，但依然继续占领该地，并坚决拒绝相约尊重保全已被侵犯之"满洲"领土，遂令帝国政府为自卫计，不得已而考虑其应采之手段。俄国屡次迁延其回答，实无令人了解之理由，且已从事与和平目的万难调和之军事行动。至帝国政府与俄国交涉时实已十分忍耐，其忍耐程度足以证明帝国实希望除去两国政府关系上将来或致发生误解之一切原因。帝国政府尽力之结果，现已领会，凡帝国征服所提稳当无私之提案，或确立远东巩固恒久和平之其他任何提案，皆难望得到俄国政府之同意。故现下已属徒劳之谈判，除断绝外，别无可择之途径。帝国征服既采用该项途径，同时为巩固其已被侵害之地位且防卫之，并为拥护帝国之既得权及正当利益计，保留其采用认为最善之独立行动之权利。

沙俄对日宣战文[9]

朕以维持和平之目的，曾尽全力，巩固东洋之静谧。关于韩国事体，日本提议修改两帝国间现存之协约，亦曾同意。然在该问题尚未议妥之时，日本不待接我政府回答之提议，即知照与俄国断绝商议及外交关系。日本政府且未豫为声明此种断绝外交关系办法，即含有开始军事行动之意义，即令其水雷艇突然袭击停泊旅顺口堡垒外之俄国舰队。朕接总督报告后，即命其以干戈应日本之挑战。朕当决意之时，切祷上帝之救护。朕之臣民，为防御其祖国，均能趋赴朕命，盖无庸异者。朕敬祈上帝加护朕之素有名誉之陆海军。

"步兵的战争噩梦"

开战之初，日本联合舰队计划通过奇袭与闭塞作战方式来消灭或瘫痪盘踞旅顺港内的俄国太平洋舰队主力。日军作战确实取得一定效果，例如沙俄海军最杰出的将领、太平洋舰队司令斯捷潘·马卡洛夫（Stepan Makarov）因乘坐的军舰触雷而身亡。不过，俄舰队主力仍完好，躲在旅顺港内避战不出。由于入口处狭窄且港口两岸构筑有坚固的要塞群，联合舰队无法直接攻击港内俄舰，只能在外部署大量舰只实施包围。

至5月初，从欧洲传来消息称：沙皇尼古拉二世考虑动用波罗的海舰队驰援远东。这支拥有8艘战列舰、6艘巡洋舰，总数38艘的庞大舰队计划绕过大半个地球赶赴远东与固守旅顺的太平洋舰队汇合。若果真如此，那么俄国舰队将在吨位、火力上力压日本联合舰队，完全改变双方的海上力量对比。有鉴于此，一度主张单独对付旅顺俄国舰队的日本海军不得不请求日本陆军尽快攻下旅顺，尽快消灭残存的俄国舰队，以便让联合舰队能有充裕时间进行休整，迎接与俄国增援舰队之间的最终决战。

战争爆发后，日本陆军兵分两路：第1军（辖近卫师团、第2师团、第12师团）在朝鲜半岛西北部登陆，越过鸭绿江击溃了安东（今丹东）附近俄军后向辽阳进发；第2军（第1师团、第3师团、第4师团）于5月初在辽东半岛盐大澳登陆，计划占领金州、南山，意在断绝驻旅顺俄军与北方俄国野战军团之间的联系。

而在俄国人这边，虽意识到日俄终有一战，但并未做充分准备。远东总督阿列克塞耶夫海军上将不会骑马，甚至还会晕船；不仅对陆军一窍不通，对海军事务也缺乏应有的专业素养。他显赫的地位来自与皇室的裙带关系，而非任何值得称道的战功。战争爆发后，俄国各界舆论都对他的军事能力深表怀疑。于是，尼古拉二世又任命陆军大臣库罗帕特金上将为远东陆军司令官，负责指挥中国境内的俄军。然而，沙皇却从未明确这两位将领之间从属关系，故而造成远东地区俄国军事统帅权的混乱无序。阿列克塞耶夫与库罗帕特金唯一取得的共识就是准备战略放弃旅顺，集结主力于北方。库罗帕特金动身前往远东前，曾向维特坦承：在军队调动完成以前，他想先向哈尔滨方向移动，然后有秩序地后退，而旅顺口则只能听天由命。[10]

1904年5月26日，登陆集结完毕的日本第2军向俄军驻守的金州、南山一线发动总攻。在5月初发现日军登陆后，俄军在不足一个月内时间内，紧急在南山构筑阵地。得知俄军匆促上阵，日军本以为可以不费吹灰之力轻松突破，结果却遭遇远超想象的重大伤亡。日俄战争爆发之初，上至参谋本部，下至日本普通百姓，皆未意识到将面临一场旷日持久、伤亡惨重的消耗战。他们对战争的想象大都还停留在十年前的甲午战争。

事后复盘，在与清廷的较量中，日本可谓赢得非常轻松。除了在与北洋水师对决中获得压倒性胜利外，从朝鲜半岛至辽东的陆战几乎皆未遭遇清军真正顽强的抵抗。甲午战争期间，日本陆军阵亡总数不过 1.3 万人，包括受伤致死及病亡在内。其中，约 1 万人死于征伐台湾的过程中，且多因水土不服而病死。换言之，真正在与清军正面交锋时而阵亡者不过 3000 余人，甚至远低于日本国内之前西南战争时的阵亡数。[11]实际上，在 19 世纪的战争中，往往通过一次炮火交锋或一次步兵突击就能分出胜负。长时间反复进攻的情况，少之又少。甲午战争十年后，当时日本社会面对远强于大清的沙俄虽有心理准备，但普遍未意识到究竟会迎来怎样的血雨腥风，对 20 世纪战争的残酷性缺乏真切的认知。明治维新后，一心想拥抱所谓"文明开化"的日本人，第一次在"现代文明"恐怖杀戮力量面前撞得头破血流。

5 月 18 日，日军大本营下令准备进攻南山阵地。在 5 月 26 日总攻中，日军投入了 3.6 万余人的庞大兵力。日军从早晨 6 点就开始了进攻，攻势却一直被俄军炮火及机枪压制在阵前。从军事角度来观察，1904 年爆发的日俄战争可算是第一次世界大战的一次预演，亦成为各类新式武器的试验场。例如双方普通士兵使用的步枪与甲午战争时期已有显著不同，开始使用无烟火药，射击初速、射程以及杀伤力均大幅提升。甲午战争时，日军火炮尚为青铜炮身，不到十年后却都已换成钢制炮管，榴弹与霰榴弹开始大量使用。不过，在众多"新式武器"中，最致命的当属刚配发俄国部队的马克沁机枪（The Maxim Machine Gun）。[12] 这种由美国发明家海勒姆·马克沁（Hiram Maxim）发明的机关枪，每分钟射速近 600 发，足以成为任何步兵的战争噩梦。

首次在战场大规模使用机枪的俄国人，起初同样惊讶于其巨大的杀伤力。西伯利亚第 5 步兵师师长特里亚科夫中将（N. A. Tretyakov）曾回忆："我对我们的四挺机枪寄予厚望，把它们部署在 7 连的左翼。机枪火力惊人，几乎可以顶上一个连的火力！"[13] 面对日军优势兵力的进攻时，一两挺马克沁机枪就可以防御阵地前一大片开阔地。一位德国战地记者如此描述他所目击的战斗场面："日军向一个装备有两挺马克沁机枪的阵地发起进攻。一个中队的日军近 200 人，以散兵线发起进攻。俄军直到日军抵进至 300 码处才开火，两挺机枪一同交叉射击。在不到两分钟的时间内，射出了超过 1000 发子弹，日军被瞬间横扫。"[14]

日军的进攻直到下午仍未获进展，直到傍晚天色渐暗后，才有了转机。第 4 师团一部在炮火掩护下从右翼突破了俄军阵地。由于之前战备不足，当时俄军只备有一天的弹药量。在弹药耗尽之际遭日军突破，俄军也逐渐丧失了战斗意志。晚上 8 点左右，俄军弃守南山阵地，退往旅顺。

在开战前，日军对弹药消耗的预计完全是以甲午战争为基准，对现代战争毫无准备。在长达 14 个小时的进攻中，日军向俄军阵地倾泻了 3.4 万余发炮弹，消耗了 222 万余发子弹。当天下午第 2 军所有部队都相继报告弹药不足。这一天的弹药消耗就几乎是整场甲午战争的 1.6 倍之多，而更让日军震惊的是近乎骇人听闻的伤亡数字。

战斗结束后，日军大本营收到第 2 军从第一线发来的战况报告，称死伤人数至少有 3000 名之多。大本营的参谋们却认为第 2 军的报告填错了数字——多写一位数，理应为 300 余人才合情合理。于是，不予采信并退回了这份伤亡报告，要求前线部队重新统计。结果，再次统计后传来的伤亡数字却是更可怕的 4400 人。事后统计日军伤亡士兵 4387 人，伤亡军官 163 人。日本第 3 军司令官、旅顺围攻战主帅乃木希典的长子乃木胜典亦战死于此役。如此巨大的伤亡与弹药消耗引发了陆军参谋本部的恐慌情绪。

南山战役后，惨胜的日军先后占领金州（现大连金州区）、大连，第 2 军主力在奥保巩的率领下继续北上向辽阳挺进。而进攻旅顺的"苦差事"则丢给了乃木希典大将指挥的第 3 军（第 1 师团、第 9 师团及第 11 师团）。与此同时，为了有效指挥中国及朝鲜境内的日本陆军，正式设立"满洲军总司令部"，统一指挥第 1 军、第 2 军、第 3 军等前线部队，由日本陆军元老大山岩出任总司令官，儿玉源太郎任总参谋长。"满洲军司令部"交给第 3 军的任务就是为协助海军在波罗的海舰队增援前彻底消灭俄国残留舰队，第 3 军必须想方设法尽快攻占旅顺。

然而，南山战役之惨烈已预示了旅顺一役的残酷程度。

旅顺围攻战

当时驻扎旅顺的除了俄国太平洋舰队外，也有一支数量庞大的陆军。早在 1898 年，俄国就开始推动军事现代化并向远东地区增兵。1904 年初，俄军在远东的陆军总兵力已达 172 个营，总数约 10 万人。其中除 21 个营驻扎海参崴和南乌苏里地区外，大部分兵力分布在鸭绿江至牛庄及大石桥到鄂木斯克的铁路沿线，而有 27 个营驻扎旅顺。尽管库罗帕特金计划带领俄军主力撤往所谓"北满"，但他对于俄军长期固守旅顺仍有信心。1903 年夏，他曾向尼古拉二世信誓旦旦地保证：无论是对于黑龙江沿岸地区的命运，还是旅顺港的命运，大可以完全地放心，守住"北满"乃尽在期望之中。南山战役后部分俄军退入旅顺，因此部队总数又有所增加。1904 年 6 月时，包括舰队水兵在内的俄军总数约为 5 万人，由参加过"义和团战争"的老将安纳托利·斯托塞尔（Anatoly Stessel）中将指挥。

相较于临时构筑的南山防线，俄军在旅顺已苦心经营多年。旅顺位于辽东半岛南端，就是清朝的重要军港，北洋舰队在此经营多年，修筑有大量军事设施。沙俄强租旅大地区后又进一步设防。旅顺港湾四周被一片海拔 200 米左右山丘所包裹。这些山丘如同旅顺的天然"城墙"，极利于固守待援。1900 年，俄国开始在旅顺进行大规模建设，根据山势地形用水泥浇筑钢筋混凝土的炮台与防御工事，工事前还遍布铁丝网、陷阱，巩固防御体系，目标是将整个旅顺"要塞化"。日军进逼之时，旅顺地区已修筑有 40 余座堡垒、70 余座炮台，配有 646 门火炮、62 挺机枪。整个俄军防线呈环形，东起东鸡冠山，西至 203 高地。

时隔一百一十余年后，若去旅顺游览，仍可以一览当时的战场遗迹。依循战史中标注的地名，游历古战场旧址时，仍能见识到当年俄军在构筑阵地时花费的苦心。从东鸡冠山一路向西的低矮山脉包裹住了南面的旅顺港，形成了天然屏障。俄军的要塞工

图 14　俄军修筑的石墙工事至今仍清晰可见

资料来源：作者摄（2014 年 11 月）。

事无一例外地都是依托山势修筑，炮台之间由挖掘的战壕与石筑工事相连，要点处则配属机关枪。于是，俄军可以轻易组织起覆盖防线各处死角的交织火网。日军的任何正面突击，都不可避免地要付出空前伤亡的代价。阿列克塞耶夫曾夸耀说："没有丝毫漏洞！即便是欧洲一流陆军想攻下旅顺，也至少需要三年！"

1904 年 8 月 16 日，乃木希典遣使劝降俄军，遭斯托塞尔严辞拒绝。19 日上午，日军对旅顺发起了第一次总攻。第 11 师团与第 9 师团以 5 个联队的兵力同时从东鸡冠山东西两侧发起进攻。然而，日军攻势根本无法动摇俄军防线，只是在俄军机枪下徒增伤亡而已。仅在北堡垒和大鹰巢山炮台阵地前，日军一天内就阵亡了 3000 余人。一位英国随军记者曾如此描述当时的惨状："俄国的机枪成了死亡制造机，在要塞前上演着骇人听闻的灾难——日军刚前进至第一道战壕，便被机枪射倒跌入日军炮火砸出的炮弹坑，直到炮弹坑被尸体填满为止"，"没有任何东西能够抵御机枪的扫射，日本士兵的恐惧一点也不奇怪。当机枪发出恶魔般的咆哮时，即便是最勇敢的士兵也会背上汗毛直竖。"[15]

23 日，第 11 师团被迫放弃从东鸡冠山西侧的进攻，转而与第 9 师团合并一处，从东侧发动进攻。但一天后，由于伤亡过于惨重，第 11 师团退出战斗。第 9 师团的集团冲锋被俄军西伯利亚第 4 师彻底粉碎。24 日下午 4 点，乃木希典下令中止总攻。短短 5 天，日军伤亡高达 1.5 万余人。承担主攻任务的两个师团几乎丧失了战斗力。

第一次总攻铩羽而归后，日本大本营意识到旅顺断无可能如甲午战争时期那般轻松占领，围攻势必长期化。在围攻旅顺的同时，日俄两军主力已经在北方辽阳附近接战。本就计划北撤待援的俄军未做顽强抵抗就弃守了辽阳。日军虽顺利攻占辽阳，但既未消灭俄军有生力量，也未取得值得在国际社会上夸耀的大胜。辽阳会战后，面对众人夸赞日军英勇时，"满洲军总司令"大山岩则非常冷静地表示：俄军撤退井然有序。话中隐含着日军高层的深深担忧。况且旅顺如芒刺在背，时刻都能成为日军的心腹大患。

图 15　俄军的机枪阵地

资料来源：刘志超、关捷编：《争夺与国难：甲辰日俄战争》，辽海出版社1999年版，第62页。

图 16　俄国战史中对日军进攻惨状的描绘

资料来源：《俄国陆军史》转引自井口和起著，何源湖译：《日俄战争的时代》，中国台湾，玉山社 2012 年版，第20页。

从战略角度来看，当时已遭陆海全面包围的旅顺，似乎已成"死地"。出海口外是虎视眈眈的联合舰队，陆上则被乃木希典指挥的第 3 军包围，困守旅顺的俄国陆军与舰队都处于孤立状态。若日军决心进行长期围困，旅顺陷落只不过是早晚之事。然而，此刻严峻的战争局势却迫使日军必须不惜一切代价尽早攻克旅顺，此间大致有两个方面缘由：

　　　　　　　　　暴走军国：近代日本的战争记忆

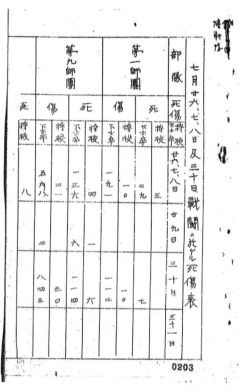

图 17　第一次总攻击期间日军军官伤亡统计报告

资料来源：「第 3 军通报（4）」，请求番号：C090
50595700、「第 3 军通报（4）」，防卫省防卫研究所。

　　首先，兵力有限的日军亟需拥有 4 万余人战力的日本第 3 军攻占旅顺后，尽早北上驰援奉天方向的战略决战。战争初期，日本大本营曾一度以为俄军增援部队从欧洲陆续调派至远东至少需要三个月时间。然而，西伯利亚铁路却发挥出人意料的效率，俄国人只用五十个昼夜便把数个军团从圣彼得堡运到奉天前线。[16]

至 1904 年秋，俄国在中国东北地区的总兵力已凌驾日军之上，沙俄 113 万常备军中近四成兵力都已被部署到了远东地区。如此形势下，第 3 军必须尽快攻下旅顺后北上，这样"满洲军"才能有足够兵力与俄军对抗。

其次，俄国海军威胁始终笼罩着日本。1904 年 8 月，黄海海战爆发。俄国旅顺舰队突围失败，但日本联合舰队错过了一鼓作气彻底消灭这支有生力量的良机。残余俄舰也重新躲入旅顺港。与此同时，又传来俄国动员波罗的海舰队劳师远征的消息。1904 年 10 月 15 日，已经正式更名为"太平洋第二舰队"的原"波罗的海舰队"正式起锚，开始了跨越大半个地球的远征，向远东驶来。

在此背景下，日军开始重新考虑主攻方向。俄军旅顺防线东段即东鸡冠山一代皆为永久性防御工事，西段山区则是最近几个月才紧急挖掘的战壕与阵地。于是，旅顺西北处的 203 高地随之进入乃木希典与日军参谋们的眼中。在这座海拔标高 203 米的小山头上可以俯视整个旅顺港区，俄军在此处并未修筑永久性工事，只是在山顶和半山腰挖有战壕或为防线的薄弱点。更重要的是一旦攻下 203 高地，日军可以引导炮火直接覆盖旅顺港内俄国舰队以及整个核心地区。

9 月中旬后，第 3 军的炮兵开始向 203 高地外围集结。17 日开始，日军开始不分昼夜炮击 203 高地俄军阵地。经过整整两天的炮火准备后，第 3 军以第 1 师团与第 1 旅团为主力开始向 203 高地突击。同时，为干扰康斯特拉琴科对日军主攻方向的判断，日军同时也对东鸡冠山一带发动佯攻。22日，日军曾占领过203高地的部分阵地，但很快就被俄军夺回。为了能在俄军防线上敲开一个突破口，日军"创造性"地从本土紧急运来口径280毫米的榴弹炮。

经过近三周的准备，18门口径280毫米巨炮被陆续送到旅顺前线，开始参与对俄军防线的大规模炮击。"百弹激雷天亦惊"，那时的新闻如此形容当时令人震惊的炮击场面。除持续炮击外，乃木希典吸取了第一次总攻时的惨痛教训，转而采取挖掘壕沟前进的方法来尽可能接近俄军阵地，缩短日军在旷野上的冲锋距离。10月26日，第3军开始了第二次总攻。在炮火掩护与

图18　日军280毫米巨炮射击阵地

资料来源：「日露戦役写真帖　第3军　第3号」，请求番号：戦役-写真-43，防卫省防卫研究所。

壕沟挖掘战术的共同作用下，日军攻势取得些许进展，但终究未能突破铁丝网与机枪构成的俄军防线。10月30日，乃木希典在付出近4000人伤亡的代价后，不得不宣布中止第二次总攻。

第二次总攻失败后，日军大本营、"满洲军"司令部以及第3军在选择主攻方向的问题上产生了分歧。最终，各方达成妥协，依旧以203高地为突破口。整个11月间，第3军全部都在为203高地的最后总攻做准备。首先，需要将280毫米口径的巨炮重新部署到新的射击阵地。同时，主力部队亦需进行补给后重新集结。同时，大本营还从本土抽调了大批预备部队增援业已元气大伤的第3军。为此，最后一个留守本土的现役师团——第7师团在大战前的最后一刻被送到了旅顺前线，将承担203高地的主攻之责。

11月27日上午，乃木希典正式下达"主攻目标改为203高地"的命令。日军围绕203高地的第三次总攻随即打响。29日，第7师团作为第3军最后的有生力量被投入203高地的争夺战，第1师团配合其进攻。战至30日傍晚，日军虽一度占领主阵地，但俄军马上就组织预备队进行反击，重新夺回203高地。鉴于战局紧张，"满洲军"总参谋长儿玉源太郎破例亲赴旅顺前线督战。得而复失阵地的日军在休整三天后，于12月4日对203高地发动了新一轮突击。这一次进攻终于取得战果，日军于5日晚占领203高地全部，俄军守备部队几乎战至最后一兵一卒。

日军为了攻取203高地，付出了1.7万余人伤亡的代价，负责主攻的第7师团最后仅余千人，而乃木希典的次子乃木保典亦

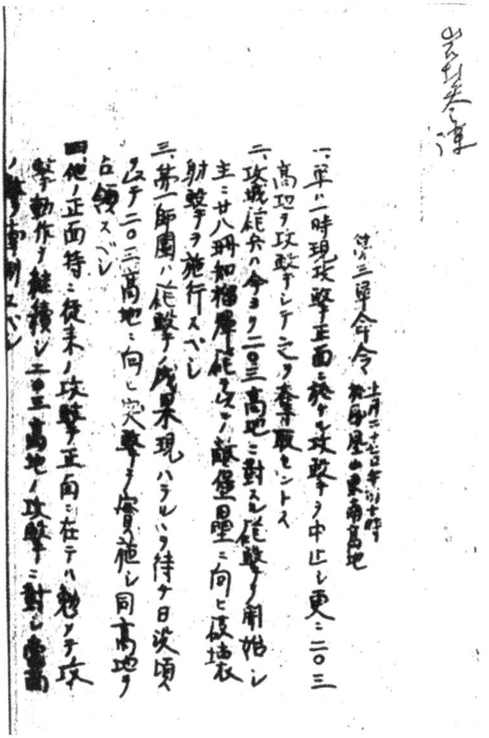
第三軍命令 十一月二十九日午前十時 於柳樹房山東南高地

一、軍ハ二時現攻撃正面ニ於ケル攻撃ヲ中止シ更ニ二〇三高地ヲ攻略セシテ之ヲ奪取セントス

二、攻城砲兵ハ今ヨリ二〇三高地ニ対スル砲撃ヲ開始シ主ニ廿八糎榴弾砲ヲ以テ敵堡塁ニ向ヒ破壊射撃ヲ施行スヘシ

三、第一師団ハ砲撃ノ成果現ハルルヲ待チ日没頃ヲ以テ二〇三高地ニ向ヒ突撃ヲ実施シ同高地ヲ占領スヘシ

四、他ノ正面等ニ従来ノ攻撃正面ニ在テハ勉メテ攻撃動作ヲ継續シ二〇三高地ノ攻撃ニ對シ策應

图 19　乃木希典手书攻占 203 高地的命令

资料来源：「第 3 軍命令　11 月 29 日　軍は飽まで 203 高地を占領せんとす他」，請求番号：C06041206200、「第 3 軍命令　11 月 29 日　軍は飽まで 203 高地を占領せんとす他」，防衛省防衛研究所。

阵亡于 203 高地的山下。203 高地的陷落宣告旅顺围攻战的最终命运。此役后，“203 高地”不仅成为旅顺围攻战的代名词，甚至是整场日俄战争的象征。

占领高地后，旅顺港内俄国舰队与俄军的一举一动尽收日军

图 20　俄军阵地前堆积如山的日军尸体

资料来源：Library of Congress Prints and Photographs Division（Washington, D. C. 20540 USA），Digital ID: ppmsca 07944。

图 21　日军第 7 师团第 35 联队向 203 高地发起冲锋

资料来源：「日露戦役写真帖　第 3 军　第 7 号」，請求番号：戦役-写真- 47，防衛省防衛研究所。

　　　　　　　　　　　　　暴走军国：近代日本的战争记忆

眼底。日后的甲级战犯、当时的海军上尉永野修身在 203 高地上设立炮兵观测所，指挥炮击作战，残存的俄国舰队很快就被彻底摧毁。此外，203 高地的鏖战已经耗尽了俄军最后的预备队，旅顺要塞正面被突破只不过是时间问题。1905 年 1 月 1 日，坚守近 5 个月的俄军宣布投降。整场围攻战中，日军前后共投入 13 万人，战死 1.54 万人，负伤近 4.4 万人；俄军战死 7700 人，1.5 万人负伤。

"尔灵山"

1904 年 9 月，正当旅顺围攻战如火如荼之时，日本先锋文学杂志《明星》发表了女诗人与谢野晶子新作《请君勿死》。她的弟弟凤筹三郎就在第 3 军服役，生活在旅顺前线枪林弹雨之中。与谢野晶子在诗中这样写道："啊！吾弟，我为汝哭泣。请汝万万不可送死。汝生为家中幺儿，爹娘宠爱于一身，春晖庭训遵正道，岂教持刃杀人耶？"而在诗的末尾处，与谢野晶子甚至直白地批判起了明治天皇："旅顺存亡为何物，可知商训无此条。天皇御驾不亲征，徒令血流遍荒野，若是天皇思虑密，岂信战死显荣耀。"[17]

在那时军国主义甚嚣尘上的日本社会，这首诗作的主题显得如此"不和谐"，很快就被各类高呼"忠君爱国"的言论所淹没，与谢野晶子本人甚至遭到舆论围攻而不得不屡次为自己辩解。当时日本舆论竭力宣扬的乃是乃木希典在 203 高地"血坡"上念出

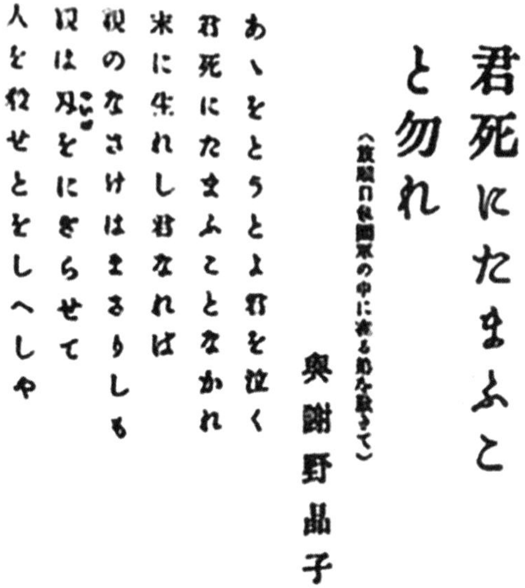

君死にたまふこと勿れ
（旅順口包囲軍の中に在る弟を歎きて）

奥謝野晶子

あゝをとうとよ君を泣く
君死にたまふことなかれ
末に生れし君なれば
親のなさけはまさりしも
親は刃をにぎらせて
人を殺せとをしへしや

图 22　与谢野晶子《请君勿死》发表于 1904 年第 9 期的《明星》杂志

资料来源：与謝野晶子「君死にたまふことなかれ」、『明星』、1904 年 9 月。

的《尔灵山》。攻克 203 高地后，善写汉诗的乃木希典在日军攻占 203 高地的第二天就上山慰问突击部队，并赋诗一首：

> 尔灵山险岂难攀，
> 男子功名期克坚。
> 铁血覆山山形改，
> 万人齐仰尔灵山。

所谓"尔灵山"便是取自"203"的谐音。1911 年，在乃木

图 23 "尔灵山纪念碑"的现状

资料来源：作者摄（2014 年 11 月）。

希典的提议下，日本关东都督府搜集战争期间的破损枪炮在 203
高地上铸成了一座形如子弹的铁制纪念碑，上书"尔灵山"三个
大字。

　　1945 年，苏联对日宣战，进军东北，重回旅顺口。或许是
出于复仇的心理，当时的苏联人曾在这座纪念碑上刻上近乎"到
此一游"的俄文标语，至今仍依稀可见。"文化大革命"期间，

图 24 203 高地下中日友好樱花林纪念碑

资料来源：作者摄（2014 年 11 月）。

纪念碑亦被捣毁，碑身的"子弹头"部分被削去，20 世纪 80 年代又得以复原。自中日正式建交起，每年都有不少日本人特意来此处寻访，景区内几乎所有标识、介绍也都相应附有日语。日本前首相田中角荣也曾到此参观。而现在 203 高地的山脚下，甚至还种有一大片的樱花，被冠以"中日友好樱花林"名号。

如今的 203 高地已被建成了"203 景区"。如国内所有景区一样，上山需先买票。景区步行道始于俄军补给线的起点，沿着蜿蜒曲折的山路，不出 20 分钟便可走到山顶。老照片中的 203

高地几乎没有任何植被，仅是一座光秃秃的荒凉山丘。而现在的203高地如同一座森林公园，虽已是深秋，却依旧花繁叶茂。现今的游客已很难想象一百一十余年前竟有如此多人葬身于此。若站在山顶俯视当年日军进攻一侧山坡，亦可知背负武器装备，冒着密集炮火与机枪扫射向上冲锋将会是如何困难。这段现在走来短短20分钟的上山路，百年前的日军却足足花了数月的时间才用自己的血肉铺成。

图 25　203 高地俄军指挥所遗址

资料来源：作者摄（2014 年 11 月）。

203 高地的陷落标志着旅顺失守，而旅顺易手也成为整场日

图 26　日军遗留在 203 高地上的 280 毫米重炮

资料来源：作者摄（2014 年 11 月）。

俄战争的转折点。之后，俄国陆军先败于奉天会战，远道而来的
波罗的海舰队又在对马海战遭遇了毁灭性打击。在陆战败北、海
军全灭的情况下，沙俄政府不得不面对现实，同意与日本进行
和谈。

胜利的阴影

1905 年夏，刚赢得对马海战的日本看似如日中天，实则同
样陷入无力再战的境地。

首先，军事上的胜利并不能掩盖日本人力资源几乎耗尽的现

实。若战争持续，日本很快就会陷入无兵可派的窘境。甲午战争期间，日本陆军所动员的总兵力大约为 24 万人，若以当时日本全国人口 4181 万人来计算，动员率为 0.57%。而在所动员 24 万人之中，实际出征人数约为 17.4 万。除平日常设的 7 个师团外，日军并未增设新的师团，便足以应付与清廷的战事。而到了日俄战争时期，日本陆军动员兵力上升到了 109 万人，以当时人口 4722 万人计算，动员率整整翻了四倍，为 2.31%。除 13 个常设师团外，战时又不得不临时新设 4 个师团，实际出征人数为 94.5 万人。战争末期，还额外征召了 65 万的后备役兵源。换言之，日俄战争中日本所能动员的兵力已接近极限。[18]

在财政方面，再以甲午战争为参照。当时日本直接军事支出约为 2 亿日元，大概是当时日本年均财政支出的两倍，主要通过国内公债以及之后清政府赔款来抵偿。而日俄战争的军费飙升至 17 亿日元，相当于六至八年的国家财政支出。为了筹措军费，不仅在日本国内发行了 6.2 亿日元债款，还不得不在伦敦市场发行 6.9 亿日元的外债。即便如此，日本当局仍不得不在国内增税，并通过新设继承税、推行烟草等专卖制度来填补战争开支的大窟窿。因此不仅是人力枯竭，日俄战争同样几乎拖垮了日本政府的财政。[19]

多年后，"九一八事变"始作俑者石原莞尔在分析日俄战争时就曾认为日本获胜实属侥幸，并坦率评价："在日俄战争时期，若日本当初能够更深刻分析探究对俄战争本质的话，或许日本就没有勇气做出那样的举动了。"[20] 在他看来，日俄战争的军事谋略也无非是日本对普法战争的一次"山寨"——"对毛奇战略的囫囵吞枣"[21]。

1905 年 9 月 5 日,在美国调停下,精疲力竭的双方签订《朴茨茅斯和约》。当时日本国内舆论普遍相信完全可以如甲午战争那样,能从沙俄处索要到更多的战争赔款。结果俄国虽然军事失利,但却坚决拒绝赔款要求,反倒是国力消耗殆尽的日本不得不接受在没有赔款的情况下议和停战。消息传来,甚至引发日本国内不满民众的大骚乱,酿出了"日比谷打烧"事件。日本知名历史小说家司马辽太郎对当时日本社会氛围有过如此评论:"这种激烈的大众狂热,给军部充了电,也为整个国家的痴心妄想提供了动力。"[22]

日俄战争后,凯旋的军队成为日本明治维新以来"文明开化"的时代象征,进而愈加刺激着军国主义痴心妄想的进一步膨胀。在《朴茨茅斯和约》正式缔结前,日本国内早在 1905 年 5 月便已为战死者举行过所谓"临时大祭"并由明治天皇"亲祭"。1907 年 5 月,在统计完全部伤亡者后,还进行过一次所谓"特祀"。与甲午战争结束后举行"特祀"时天皇只派敕使前往伊势神宫不同,日俄战争后的"特祀",天皇首次派敕使前往了靖国神社。在此背景下,从日俄战场归来的陆海军都以部队建制大规模前往靖国神社正式"参拜",以至于演变为军方惯例。1917 年时,靖国神社干脆把每年的"春季例祭"日期改为日俄战争后陆军凯旋阅兵典礼的日子,把"秋季例祭"改成海军凯旋阅舰典礼纪念日那一天。靖国神社开始正式成为日本军国主义的精神图腾。

　　　　　　　　　暴走军国:近代日本的战争记忆

图 27 东映拍摄的电影《二百三高地》

该片于 1980 年正式上映，全景式反映这场日俄战争的关键战役。知名演员仲代达矢饰演乃木希典，丹波哲郎、三船敏郎等明星亦出演。日本国内最近一部涉及旅顺围攻战的影视作品则是 NHK 在 2009 年至 2011 年间拍摄的历史连续剧《坂上之云》。

    在这种混杂着神道信仰的军国主义熏陶下，日军在军事上也开始走上一条歧途。日俄战争期间，西方列强派遣了大量军事观察员和记者赶赴火线，希望借此吸取双方战斗的经验教训。各国都从日军的尸山血海中认识到，机枪等新式武器的大规模使用将彻底改变现代战争的形态。然而，颇为讽刺的是，日军在总结经验教训时，却转而强调所谓"进攻精神"，反倒开始推崇步兵突击的战术。在 1909 年日军新修订的《步兵操典》中开篇就充斥"进攻精神""必胜信念"等话语，并由此要求士兵必须"忠君爱国、至诚"，而在贯彻"进攻精神"必须勇于自我牺牲。[23]曾参与旅顺围攻战，目睹过 203 高地惨烈一幕的原陆军中尉樱井忠温所写的战场纪实文学《肉弹》，则因成为宣扬"进攻精神"与"自我牺牲"的最佳范本而倍受推崇。

1924 年 11 月，即 203 高地硝烟散去近 20 年后，孙中山途经神户，曾以"大亚洲主义"为题发表了著名演讲。孙文在演讲中提到了日俄战争，特别指出："之前我们东洋的有色人种一直以来都受到西洋民族的压迫、折磨而无法翻身，但因为这次日本战胜了俄国，所以也就是东洋民族击败了西洋民族。"然而，在演讲结尾时，孙中山却又忧心忡忡地表示："你们日本既已得到了欧洲的霸道文化，但亦有亚洲王道文化的本质。从今以后对于世界文化的前途，究竟是成为西方霸道的猎犬，或是做东方王道之干城，就在你们日本国民去详审慎择！"[24]

然而在日俄战争胜利的"阴影"之下，日本终究沦为"霸道的猎犬"，在军国主义的快车道愈行愈远。

本章文献注释：

1 "旅顺余闻"，《申报》，1904 年 7 月 27 日，第 2 版。

2 谢尔盖·维特著，肖洋、柳思思译：《维特伯爵回忆录》，中国法制出版社 2011 年版,第 90—91 页。

3 谢尔盖·维特著,肖洋、柳思思译:《维特伯爵回忆录》,中国法制出版社 2011 年版,第 91 页。

4 大山岩:《1903 年 5 月 12 日上奏明治天皇书》及《解决朝鲜问题的意见书(1903 年 6 月 22 日)》转引自藤原彰著,张冬、徐更智等译:《日本军事史》,解放军出版社 2015 年版,第 76—77 页。

5 谢尔盖·维特著,肖洋、柳思思译:《维特伯爵回忆录》,中国法制出版社 2011 年版,第 93 页。

6 "言大而夸",《申报》,1904 年 1 月 24 日,第 2 版。

7 原敬:《原敬日记》,明治 37 年 2 月 5 日,转引自井口和起著,何源湖译:《日俄战争的时代》,中国台湾,玉山社 2012 年版,第 79 页。

8 刘志超、关捷编:《争夺与国难:甲辰日俄战争》,辽海出版社 1999 年版,第 30 页。

9 刘志超、关捷编:《争夺与国难:甲辰日俄战争》,辽海出版社 1999 年版,第 33 页。

10 谢尔盖·维特著,肖洋、柳思思译:《维特伯爵回忆录》,中国法制出版社 2011 年版,第 94 页。

11 宗泽亚著:《清日战争:1894—1895》,世界图书出版公司 2012 版,第 514—515 页。

12 Daniel J. Kenda, *Lessons Learned*

from the Use of the Machine Gun during the Russo-Japanese War and the Application of Those Lessons by the Protagonists of World War I, M. A. Thesis, Faculty of the U. S. Army Command and General Staff College, 2005.

13 Nikolai Aleksandrovich Tretyakov, My Experiences at Nan Shan and Port Arthur with the Fifth East Siberian Rifles (London: H. Rees, 1911), p. 47.

14 John Ellis, *The Social History of the Machine Gun* (Baltimore: Johns Hopkins University Press, 1986), p. 67.

15 G. S. Hutchison, *Machine Guns: Their History and Tactical Employment (Being Also a History of the Machine Gun Corps, 1916 - 1922)* (London: Macmillan and Co., 1938), pp. 89 - 90.

16 井口和起著,何源湖译:《日俄战争的时代》,中国台湾,玉山社 2012 年版,第 111—112 页。

17 与謝野晶子「君死にたまふことなかれ」,『明星』、1904 年 9 月。

18 户部良一著,韦平和、孙维珍译:《日本陆军史:近代化的异化》,社会科学出版社 2016 年版,第 135 页。

19 户部良一著,韦平和、孙维珍译:

《日本陆军史：近代化的异化》，社会科学出版社 2016 年版，第139 页。

20 石原莞尔著，郭介懿译：《最终战争论·战争史大观》，中国台湾，广场出版 2013 年版，第 61 页。

21 石原莞尔著，郭介懿译：《最终战争论·战争史大观》，中国台湾，广场出版 2013 年版，第 61—62 页。

22 井口和起著，何源湖译：《日俄战争的时代》，中国台湾，玉山社 2012 年版，第 182—183 页。

23 藤原彰著，张冬、徐更智等译：《日本军事史》，解放军出版社 2015 年版，第 66—67 页。

24 陈锡祺主编：《孙中山年谱长编》下册，中华书局 2003 年版，2080—2081 页。

第三章

奔驰在狂愚之路上

呈国务卿，华盛顿[1]

第 36 号电，1936 年 2 月 26 日上午 10 时

今晨，有军人占领了一些政府机关和东京的部分市区，据说还刺杀了几位要人。一切情况目前都还无法证实。新闻记者皆不许发电报或打电话到国外。

本电报属试发性质，是想确认我们的密码电报能否发送。收到后，请密码室立即电复。

——格鲁

1936 年 2 月 20 日，第 19 届日本众议院选举正式举行。一个月前，立宪政友会提出了对冈田启介内阁的不信任案。于是，原海军大将出身的冈田首相宣布解散众议院，提前进行大选。

　　一个月后的选举结果却以立宪政友会惨败而告终。作为日本历史上第一个正式政党的立宪政友会不仅丢掉了众议院第一大党的位置，议席也从第 18 届的 301 席猛跌至 175 席。立宪政友会的历史可以追溯到 1901 年前后，被认为是日本历史上第一个现代意义上的政党组织，创建者则是明治维新的主要推动者之一——伊藤博文。自创立后，立宪政友会一直是日本国内最主流的政党，与政商各界关系密切。

　　此次选举结束后，日本国内舆论普遍认为传统政党的力量将持续衰落，而冈田治下"举国一致内阁"的根基将因此愈加稳固。

　　然而，短短数天后，一场突如其来的政变将改变一切。

"大正德谟克拉西时代"的终结

所谓"举国一致内阁"始于 1932 年的"五一五事件"。当时全球范围内的经济萧条让"大正德谟克拉西时代"(即大正民主时代)的果实渐化泡影。[①] 普通日本民众将农村凋敝、城市中下层赤贫化等社会矛盾统统归咎于政党、财阀之间的"狼狈为奸",对议会政治的恶斗感到失望。1932 年 5 月 15 日,以海军少壮派军人为首的激进分子闯入首相官邸刺杀了时任首相、立宪政友会总裁犬养毅[②]。犬养毅的死成了日本近代政治的一个重要分水岭,象征着"政党内阁"已名存实亡。之后,接任首相之位者既不是当时议会最大党立宪政友会的首脑,也不是各主要政党协商产生的其他人选,而是前海军大将、朝鲜总督斋藤实。

犬养毅死后,依照大正以来的政治惯例,理应由立宪政友会新任总裁铃木喜三郎接任。明治以来,每逢遇到遴选新首相时,一般是先由元老重臣[③]讨论商议后向天皇推荐首相人选,再由天

① 所谓"大正德谟克拉西时代"即 1912—1926 年间,日本国内政党政治蓬勃发展的时期。其间,主张"天皇只是国家行使统治权的机关,统治权乃国家权利,既非君主也非国民之权利"的"天皇机关说"开始出现。同时,《普通选举法》则赋予更多民众参与政治选举的机会,而众议院多数党组阁称为惯例。
② 出任首相时犬养毅已是 76 岁高龄,仅比之后铃木贯太郎出任首相时小 1 岁。1890年就被选为明治维新后日本历史上第一代众议员,几乎参与了近代日本议会政治的所有重大事件。与孙中山有过密切交往并支持其革命理念,之后也与蒋介石相熟。"九一八事变"后,作为首相的犬养毅曾通过秘密渠道与南京政府谈判,但未成功。
③ 近代日本历史上一种约定俗成的政治身份。大部分都是明治时代崭露头角的政治精英,后则处于半隐退状态,承担咨政之责。内阁更迭时,元老们达成一致 (转下页)

　　　　　　　　暴走军国:近代日本的战争记忆

皇做最后的决定和任命。换言之，众议院选举与首相任命无关联性。1918 年 7 月，政友会总裁原敬获首相提名，成为日本历史上第一位拥有众议员身份的内阁总理大臣，也成为政党内阁的开端。然而，这位"平民首相"在 1921 年便遭右翼分子刺杀身亡。不过，任命众议院最大党党魁为首相似乎已成定规。20 世纪 20 年代初，随着山县有朋、松方正义相继去世，日本政坛的所谓

图 28 "五一五事件"行凶者受审时的情形

　　虽然 11 名凶手全部认罪，但宣称他们的行为完全是出于"忧国"和"义愤"。军事法庭审理期间，这些凶手讲述当时日本社会种种弊端的言论，甚至引发广大民众的共鸣。审理期间，日本全国有多达 35 万人签名请愿，要求法院从轻发落。最令人震惊的是，法院曾收到一个放有 11 根手指（即代表 11 名凶手）的包裹以示对被告的支持。最终，所有凶手无人被判死刑，刑罚最高者不过 15 年，大部分人仅被判四五年徒刑而已。某种程度上，"五一五事件"发生以及最终的结果，深刻影响了日后"二二六事件"主谋们的思想与行为方式。

（接上页）意见后，会向天皇推荐候选人。不过，包括日本宪法在内，没有任何一部法律对其法律地位和权责有过明文规定。历史上的元老共有九位：黑田清隆、伊藤博文、山县有朋、松方正义、井上馨、西乡从道、大山岩、桂太郎、西园寺公望。"五一五事件"时，西园寺公望已是仅存的元老。

图 29　西园寺公望（1849—1940）

华族公子出身，青年时期留学法国，深受大革命以来的法国思潮熏陶，故一生以"自由主义者"自居。明治初期受伊藤博文提携重用，而逐渐在政坛声名鹊起。与伊藤博文一道参与组建立宪政友会并曾出任总裁。20世纪初期与桂太郎交替出任首相，以至于有所谓"桂园时代"的说法。巴黎和会期间，曾作为日本首席代表出席。大正天皇即位后，跻身元老之列。"九一八事变"后，对军部势力的膨胀心存忧虑。某次在跟友人谈话时，把当时的日本军人揶揄为不懂事的小孩："小孩有小孩的心理，在大人看来好像没必要买那些毫无用处的玩具，但对小孩来说，玩具才是日常生活中的必需品。"其孙子西园寺公一则被称为"红色贵族"，曾因协助、参与苏联间谍佐尔格在日本的谍报活动而遭逮捕。1958年至1970年间，西园寺公一曾在北京定居。

"元老"只剩下了西园寺公望一人。向来以自由主义者自居的西园寺公望积极主张由众议院第一大党党首组阁的理念，称之为"宪政常道"，并贯彻至20世纪30年代初，直到"五一五事件"爆发。

犬养毅死后，作为当时日本政坛仅存的元老西园寺公望希望能继续延续政党内阁，打算依照"宪政常道"推荐政友会总裁铃木喜三郎。然而，这个主张却遭到陆军和右翼人士的激烈反对，军方甚至暗示有可能酿成更大的暴力事件。除了军方的压力外，连天皇裕仁本人都曾通过侍从长婉转地告诫西园寺公望：既不要选择激进的法西斯军人，也不要上奏建立合作内阁或单独内阁。换言之，裕仁在否定军人组阁的同时，也否定了由政党领袖出任首相的可能。[2]于是，西园寺公望不得不改为推荐"既不是陆军，又不是政客"的前海军大将斋藤实出任首相，成立所谓"中间内阁"来达到举国一致的目的。斋藤实内阁持续了两年直到1934年7月，因阁僚被卷入帝人公司与台湾银行的借贷丑闻而被迫辞职，改由同为海军大将出身的冈田启介继任首相。

如今新一届大选结果出炉，之前近四年以议会第一大党身份"在野"的立宪政友会不仅未能通过"不信任案"成功倒阁，反而丢失了近一半的议席。实际上，这个结果并不让人意外。因为在当时不少日本人眼中，经济萧条与社会凋敝的账似乎都可以算在腐败的政党与政客头上，于是对"举国一致内阁"反而多了几分期待。但是，对所谓"举国一致内阁"也并非人人满意。恰恰相反的是，在相当多激进右翼分子乃至普通民众看来，冈田启介过于保守软弱，而且早就与政客们一样跟权贵阶层同流合污。在他们看来，冈田内阁依旧在延续过往政党内阁的种种恶习。激进派少壮军人眼中，"元老、重臣、官僚、军阀、财阀都是干扰弘扬国体的统治阶级"[3]，都应该被彻底打倒。

恰好在第 19 届日本众议院选举的同一天，正当人们都在关注大选结果之时，日本陆军参谋本部一道看似寻常的军令，却引发了一场明治以来日本史上最大规模的军事政变。这场政变不仅让眼下这场选举的结果变得毫无意义，更成了昭和时代的又一个转折点。

1936 年 2 月 20 日，日本陆军参谋本部正式发布了第 1 师团移驻中国"满洲"的命令。

清君侧

早在 1935 年 12 月，日本陆军就已内定将第 1 师团调往中国东北地区。自日俄战争以来，第 1 师团就一直驻扎东京，从未派出过，更不用说派往国外了。实际上，该师团的调动确实并非单纯军事安排，而是日本陆军内部派系斗争的结果。当时，日本陆军内部主要分裂为所谓"皇道派"与"统制派"两大派系。双方的派系之争由来已久，历史渊源甚至可追溯至明治末期。简而言之，前者主张通过武力方式一举颠覆政党内阁的政治架构，主张建立以天皇为核心，混杂军国主义和国家社会主义的军事政权。后者则主张在日本现行政治架构下，自上而下地稳步推进"军部独裁"，使日本成为名副其实的所谓"高度国防国家"。此外，双方在对外政策方面亦有矛盾，皇道派认为应集中力量对苏备战，统制派则视英美为主要假想敌。进入 20 世纪 30 年代后，双方围绕陆军控制权的争斗日趋白热化。

1934 年 5 月，支持皇道派的荒木贞夫卸任陆军大臣，另一位皇道派核心人物，原本有望继任的真崎甚三郎却改任陆军教育总监。陆军大臣的差事落到了统制派支持者林铣十郎头上。同年 11 月，两名支持北一辉国家改造主义思想的皇道派青年军官矶部浅一、村中孝次因涉嫌组织政变未遂而遭解职。次年，真崎甚三郎又被迫辞去教育总监，皇道派在陆军高层人事斗争中落于下风。眼见统制派开始在高层、基层先后出手铲除异己，大批持皇道派主张的青年基层军官蠢蠢欲动。1935 年 8 月 12 日，皇道派狂热分子、陆军中佐相泽三郎公开在陆军省办公室里斩杀了统制派中枢人物军务局长永田铁山，成为皇道少壮派军官一系列激进行动的肇始。

远在南京的蒋介石在听闻刺杀事件后，曾揣测日军内部派系冲突可能进一步加剧，曾在日记中如此评论："日本军务局长永田，被其现役军官所刺，其内讧之端渐现。"[4]如蒋介石所言，日军内部皇道派与统制派矛盾愈加激化。正是出于担心皇道派军官继续滋生事端，在统制派的推动下，参谋本部才决定将第1师团调离东京，因为第1师团正是皇道派势力的"大本营"之一，真崎甚三郎就曾担任过第1师团长。调令的风声传出后，引发了第1师团内大批支持皇道派青年基层军官的不满与忧虑，他们担心这是统制派军阀们调虎离山的"奸计"。

从1936年1月起，在矶部浅一、村中孝次的召集下，这批以第1师团为主的皇道派青年军官开始频繁聚会讨论对策。此前，矶部为了打探陆军高层的态度，不仅拜访了皇道派精神领袖真崎甚三郎，还去见了时任陆军大臣川岛义之、陆军省调查委员山下奉文等人，最后得出的结论是："在军事当局内部，尽管也可能出现一些不同意见或相当的混乱，但似乎完全没有要打击青年军官的迹象。"在这类信息的鼓舞下，这批青年军官决意在部队调动前冒险发动政变，具体计划是通过刺杀一批天皇身边的"国贼"来"清君侧"，武力占领包括陆军省、陆军参谋本部、警视厅等东京市内的重要机关并控制皇居，进而要求实施所谓"昭和维新"，铲除财阀、政党等老旧势力。在之后公开发表的宣言书中，政变军官们坦承："恰逢第1师团出动之大命颁发，年来发誓翼赞维新，以期徇死献身奉公之卫戍帝都之我等同志，将登万里征途，而反顾国内现状，忧心如焚，不能自已。"[5]

实际参与政变的皇道派军官全部都是基层尉级军官，年龄最大者不过34岁，最小者刚满23岁。其中，第三联队第六中队长安藤辉三指挥的兵力最多，亦成为政变部队主力。虽然以拯救凋敝农村与打破社会不公为口号，但这些青年军官大部分都不是农村子弟。例如安藤本人就是来自一个知识分子家庭，父亲是庆应大学的教员。不过，他在当上中队长后却经常在对士兵的训话中提到当时日本东北农村的惨状，希望士兵们了解当时农民极端贫困的生活状态。政变前，性格沉稳的安藤曾非常犹豫，认为当时条件不成熟，他"一动不动地坐了一两个小时。用手掌相握捂住前额，低垂着头，几个小时动也不动。这就是烦恼中的安藤的神情，甚至可以说是悲哀"[6]。

此外，先前已被免去军职的矶部浅一与村中孝次则作为最初的策划者、组织者，也实际参与了整个政变行动。他们坚信唯有通过武力手段刺杀垄断国家权力的显贵才能推动"昭和维新"。这批军官中，相当一部分人均或多或少受到北一辉所著《日本改造法案大纲》的影响，秉持所谓"国民天皇"的概念，希望终止现行明治宪法规定的政治格局，转而建立以皇道派军人为核心的军国主义政权。

最终制订的政变计划中袭击对象包括：总理大臣冈田启介、前总理大臣斋藤实、天皇侍从长铃木贯太郎、大藏大臣高桥是清、陆军教育总监渡边锭太郎、前外务大臣牧野伸显。西园寺公望曾一度也在刺杀名单，但在最后一刻被移除；而内务大臣后藤文夫则被临时列为刺杀对象。除了刺杀政要外，还计划攻占陆军大臣官邸、陆军省、参谋本部、警视厅及《朝日新闻》报社。

行动口号确定为"尊皇讨奸"。

表格 3   "二二六事件"参与军官列表

姓名	年龄	军衔	所属部队
矶部浅一	32岁	原陆军主计	免职
村中孝次	34岁	原步兵大尉	免职
野中四郎	32岁	步兵大尉	步兵第三联队
河野寿	28岁	航空兵大队	所泽陆军飞行学校
香田清贞	34岁	步兵大尉	第一旅团司令部
安藤辉三	31岁	步兵大尉	步兵第三联队
栗园安秀	29岁	步兵中尉	步兵第一联队
竹岛继夫	30岁	步兵中尉	丰桥教导学校
对马胜雄	29岁	步兵中尉	丰桥教导学校
中桥基明	30岁	步兵中尉	近卫第三联队
丹生诚忠	29岁	步兵中尉	步兵第一联队
板井直	27岁	步兵中尉	步兵第三联队
田中胜	26岁	炮兵中尉	野战重炮第三联队
中岛莞尔	25岁	工兵中尉	铁道第二联队
安田优	25岁	炮兵少尉	炮工学校
高桥太郎	24岁	步兵少尉	步兵第三联队
麦屋清济	27岁	步兵少尉	步兵第三联队
常盘稔	23岁	步兵少尉	步兵第三联队
林八郎	23岁	步兵少尉	步兵第一联队
铃木金次郎	23岁	步兵少尉	步兵第三联队
清原康平	23岁	步兵少尉	步兵第三联队
池田俊彦	23岁	步兵少尉	步兵第一联队
今泉义道	23岁	步兵少尉	近卫第三联队

　　23日起，东京市内飘起几十年未遇的鹅毛大雪。25日白天

图 30 政变主谋画像

　　上列：从左至右为香田清贞、野中四郎、安藤辉三，下列从左至右为清原康平、安田
优、丹生诚忠。

大雪稍停，半夜时又开始越下越大。25 日深夜 10 点前后，第 1
师团第一联队的栗原安秀中尉下令打开弹药库，率众运走了大批
弹药与武器，共计步枪子弹 23 万发、重机关枪 9 挺及子弹 4000
发、轻机枪 6 挺、手枪子弹 3000 发。

　　26 日凌晨 3 点 30 分，政变部队集合完毕，军官们先向各自
麾下的士兵宣布"檄文"——《蹶起趣意书》。之后，1483 名士
兵在这些皇道派青年军官的指挥下，顶着百年难遇的风雪，走入
东京的黑夜之中。

"尊皇讨奸"

2月26日凌晨，对大部分走出军营大门的士兵来说，他们并不知道究竟会发生什么，也不晓得这次行动的目标为何，更不会料想到会去袭击达官显贵的宅邸。曾有第一联队的某位军曹如此描述当时的状况：最初先"听中队长丹生诚忠中尉读了很'难懂的文章'《蹶起趣意书》"，接着丹生中尉指着地图说："为了断然实行'昭和维新'，师团要在今天拂晓进入这一线。"既然军曹们都一头雾水，那么普通士兵更处于一头雾水的状态，如茂木二等兵回忆的那样："往哪里去，目的是什么，这样的事完全没有接到指示，我们便扛着步枪默默地走出了营门。"[7]

而安藤辉三在率领部队出发时则只告诉部下："从现在起前往参拜靖国神社。"安藤麾下第三联队的士兵们在行军途中才知道是要去袭击天皇侍从长铃木贯太郎的宅邸。多年后，第三联队第六中队的水谷二等兵对当时的心情记忆犹新："我愕然了。原来并不是去参拜靖国神社。这下子可糟糕了。但是到如此程度，已经欲罢不能，我想起了昨晚中队长训话（点名后，中队长关于指责统治阶级的私利私欲并说明要拥护国体的训话），当我意识到此后将要发生非常严重事件时，身体不由得颤抖起来。"[8]当步兵第一联队参拜完靖国神社走上街道时，突然有一辆轿车停在队伍边，有一位身穿黑色西服的男人跳下车对政变部队大喊道：

图 31　约瑟夫·C. 格鲁
(Joseph C. Grew, 1880—
1965)

1932 年 6 月 6 日，格鲁一家所坐的轮船驶入了东京湾。当时的日本报纸称这位新大使是"志在增进和平的外交家"。作为哈佛高材生，格鲁的外交生涯开始于埃及开罗。美国参加第一次世界大战前曾在美国驻德大使馆工作。之后，先后担任驻丹麦大使、驻瑞典大使、驻土耳其大使以及副国务卿。驻日期间，格鲁与不少日本政要建立了不错的私人关系，例如斋藤实、铃木贯太郎以及近卫文麿。1941 年 9 月日美关系破裂前夕，他曾与近卫有过一次长达三个小时的深谈。近卫表示他希望通过格鲁与美国总统罗斯福本人建立秘密的私人沟通管道。格鲁也认为"除了近卫公爵，就没有任何日本政治家能够与美国达成谅解"。但仅仅一个月后，近卫内阁便宣告倒台，东条英机成为新首相。

"为你们行动成功祈祷!"根据宪兵事后的调查，这位男子是政变军官"精神导师"北一辉、西田税的弟子，当天是为了确认政变部队行动而来。[9]

根据计划，政变部队兵分六路，在凌晨 5 点至 6 点间先后袭击了首相官邸，高桥是清、铃木贯太郎、斋藤实、后藤文夫、渡边锭太郎以及牧野伸显的住处。由于事发突然，负责各处保安的警察完全没有防备。除首相官邸有抵抗外，其他各处几乎都是束手就擒。第三联队的板井直中尉在率领部队袭击斋藤实官邸时，"玄关前岗哨内的二十名警员还在狼狈穿衣，突击队杀到并将之包围，对方毫无抵抗"[10]。

在这批遭刺杀的权贵重臣中，斋藤实、高桥是清、渡边锭太郎当场死亡。大概五六个小时前，斋藤实还在美国驻日大使约瑟夫·格鲁（Joseph Grew）家中做客。2 月 25 日晚上，格鲁在大使官邸宴请斋藤实夫妇与铃木贯太郎夫妇，杯盏间宾主尽欢。晚宴后，双方还在官邸里欣赏了刚在美国上映的好莱坞电影。深夜 11 点半，斋藤实夫妇才告辞回府。结果，第二天早上格鲁就从电话中得知了他的死讯。2 月 27 日，格鲁还曾特意去斋藤实家吊唁："我去的时被引到停尸的那间小屋里，尸体是放在地席上。盖着被单，或许他就是在这间屋里被杀的……斋藤夫人问我要不要看他的遗容，接着就把被单揭开，露出一处弹痕（这只是三十六个伤口之一），斋藤子爵的遗容却很安详……遇刺前几个小时，他还在我府邸宴会上，坐在爱丽丝（格鲁夫人）身旁谈笑风生，他的夫人挨着我，我对面是铃木（贯太郎）海军大将，他也遇刺受重伤，命在旦夕。"[11]

相较斋藤实，前一晚也在美国大使官邸做客的铃木贯太郎要幸运得多。安藤辉三恰好负责刺杀铃木贯太郎。动手前，安藤曾与铃木谈了十分钟。双方谈不下去时，铃木便问："你还有什么要说的吗?"

安藤："没有了，长官。"

铃木："那你就开枪吧。"

政变士兵随即连开三枪。一颗擦破了头盖骨，但没钻进脑髓；一颗穿过胸部打进肺里；第三颗射入大腿。安藤认为铃木必不久于人世，在铃木夫人请求下未继续挥刀斩杀。临走时，还向倒在血泊之中奄奄一息的铃木行军礼致敬，甚至向铃木夫人致歉，表示他个人非常尊敬铃木侍从长，但为了"昭和维新"不得已为之。刺杀高桥时，也出现过类似一幕。在砍杀了这位日俄战争前后曾为日本筹措军费而在全世界奔走的前日本央行行长后，杀人者还转头向家属道歉："打扰了。"经抢救后，铃木贯太郎奇迹生还，这才有了九年后成为军国主义日本最后一任首相的机会。另两位躲过此劫的是牧野伸显和后藤文夫。事发时，牧野伸显正住在神奈川一家温泉旅馆中，行刺军官未能找到其踪迹只能放火焚烧了旅馆，而牧野本人趁乱逃走。至于后藤文夫，因当晚正好不在家而躲过一劫。

最富戏剧性的则是刺杀冈田启介的经过。凌晨 5 点 10 分左右，政变部队在栗原安秀中尉指挥下包围了首相官邸。在冲入官邸时，与负责安保的警察发生激烈交火，四名警察被击毙。冈田本人则被枪声惊醒，急忙与其妹夫松尾传藏一起寻处躲藏。之后，松尾传藏出去查看情况时，被政变士兵发现，却被误认为是冈田启介而遭杀害。冈田本人则躲在女佣房间的壁橱而保住了性命。直到当天上午，冈田的女婿迫水久常无意中在壁橱里发现了躲藏其中的冈田启介，并让其混在前来吊唁的人群中乘乱逃出了首相官邸。吊诡的是，在九年后的"宫城事件"中迫水久常自己也成了政变部队的刺杀对象。

根据计划，除刺杀外政变部队还同时占领了陆军大臣官邸、陆军省、参谋本部、警视厅，顺路还打砸了长期持自由主义立场的《朝日新闻》报社。此外，曾有政变部队试图占领皇居，但未成功。至 26 日上午，政变部队占领了樱田门、虎之门、赤坂见附、三宅坂一带的地区并开始构筑工事。同时，政变军官还前往了东京各主要报社，递交了政变军官的宗旨书——《蹶起趣意书》，要求在全国范围内刊载报道，若不执行便会实施所谓"天

图32　松尾传藏（左）、冈田启介（右）

诛"。在这份宗旨书中，发动政变的青年军官们宣称日本国体理
应"在万事一系之天皇陛下统率下，实现举国一体"，指责"所
谓元老、重臣、军阀、财阀、官僚、政党等皆为破坏国体之元
凶"，因此"斩除君侧之奸臣、军贼，粉碎彼之中枢，乃我等责
任，宜妥善为之"。

《蹶起趣意书》(摘要)

日本国体乃在于天皇之施治，自远古以自万亿斯年，永矢弗替，以期日本国家天赋之美传遍八纮一宇，使普天之下人类尽情享受其生活。日本此种基本使命，实为日本之光荣，故得自远古以传于今。目前时代，正为日本扩张实力、发扬国威之时。顷来，私心私欲不顾民生与繁荣之徒簇出，致使帝国主权大遭蹂躏，国民生灵涂炭，痛苦呻吟，目前日本国家遭遇如许困难问题，实皆由此而来。一般元老、重臣、军阀、财阀、官僚、政党均为破坏国体之元凶。伦敦海军条约之签订，及近年来日军士兵屡次发生之不幸事变，在此可作明证。小屋之刺死滨口，血盟团之产生，"五一五事件"之爆发，以及去夏相泽之刺死永田，均非事出无因。不幸此等事变，竟未能震醒负责之辈，最近日本与各列强关系之紧张，亦因若辈在此景况中不克采取适当对策所致，日本已届紧急之秋矣。故我等之责任乃清除君侧之奸臣，粉碎重臣集团。我等在出发"满洲"前后，不得不藉直接行动，起而举事，以达到我等目的，此系天皇陛下臣民之义务。祈皇祖皇神保佑我举成功，拯救祖先国土。[12]

　　　　　　　　　　　　　　　暴走军国：近代日本的战争记忆

図 33 事变发生后《时事新报》的号外

由于当时情况不明，新闻媒体均以为冈田首相已遇刺身亡。

图 34 政变部队在屋顶升起行动旗帜，上书：尊皇讨奸

四日政变

2 月 26 日清晨 5 点半，真崎甚三郎大将从友人处得知"今晨 4 时半有八个中队开出营房"[13]。没过多久，他就接到了陆军省打来的电话。政变部队在占领各处后，正式提出"向天皇上奏，仰望裁断，邀请真崎大将等人到陆相官邸，在全国颁布戒严令"等要求。8 点半，被认为是"幕后主谋"的真崎终于到了被政变部队占领的陆军大臣官邸。他对一脸茫然的陆军大臣川岛义之说："事到如今也是无可奈何，该发生的都发生了。"甚至还说："建议需要吸收叛乱者的精神，促进实现他们的要求……总之应颁布戒严令，采取收拾对策。"在当面听取了矶部浅一等政变军官的报告后，真崎曾表示"我非常理解你们的精神"[14]，然后离开了官邸。

上午 7 点 10 分，裕仁就从侍从武官本庄繁处得知此事，当即要求陆军坚决镇压，还派遣御医去了侍从长铃木贯太郎的官邸。11 点前后，陆军大臣川岛义之向昭和天皇报告详细情况并读了政变军官的《蹶起趣意书》。根据侍从木户幸一记载，裕仁曾表示："此次之事，不论其精神如何，甚非朕所望。朕意以为伤害了国体精华。"[15]出于为陆军整体辩护的心理，川岛回答："发生如此重大事件，实由于内阁现行政策措施多不合民意。臣认为应迅速成立能坚决实施政策的内阁，稳定国民生活，充实国防。"裕仁听罢此言非常不满，训诫道："陆军大臣不必说那么

图 35　驻守的政变部队

多，先决条件难道不是采取措施迅速平定叛军吗！"[16]

　　尽管天皇震怒，但在随后召开的陆军军事参议官会议中，以皇道派精神领袖真崎甚三郎为首同情政变的意见却一度占据主流，主张先劝退政变部队而非武力镇压。下午 2 时，时任陆军少将山下奉文带着军事参议官会议通过、陆军大臣发布的告示前往政变部队占领的陆军大臣官邸。这份告示有意模糊处理了天皇态度，只称"暴动宗旨已达天听"，并以近乎认可的态度表示"承认诸子的（真意）行动乃基于宣扬国体之至情"[17]。听完宣读的告示，政变军官追问：这是否表示承认他们是"义军"而非"叛军"。山下不置可否，匆匆离开。约一个小时后，东京市内开始实施战时警备令，甚至还向政变部队提供了粮食补给。

陆军大臣告示[18]

一、暴动宗旨已达天听；

二、承认诸子的（真意）行动乃基于宣扬国体之至情；

三、关于显现国体之真实面貌（包括弊风）、不堪恐惧；

四、各位军事参议官也一致协商确定按照上述宗旨迈进；

五、除此以外一俟圣心。

图36　行进中的政变部队

晚上9点，军事参议官们与政变主谋进行会谈。会上，真崎甚三郎明确拒绝了出任首相的请求。与此同时，幸免于难的后藤内务大臣出任代理首相。裕仁在接见他时再次强调："务必迅速镇压暴徒，一定要励精图治，直至恢复秩序。"27日凌晨1点20分，陆军方面获准实施戒严令。不过，天皇裕仁曾交待："要彻底处理，不得滥用戒严令！"[19]事后，依照裕仁的说法，他之所以

暴走军国：近代日本的战争记忆

特别关照陆军"不得滥用",主要是考虑到"通常讨伐命令和戒严令相关联,不能只限于军事系统,还有必要取得政府部门的谅解"。[20]

2月27日早晨8点20分,参谋次长杉山元向天皇请求颁发奉敕命令,准备武力镇压政变。香椎浩平中将被任命为戒严司令官。所谓"奉敕命令"即天皇直接向军队下达的命令,意义非同寻常。敕令要求香椎浩平率领戒严部队"解除叛军武装,万不得已时可以行使武力",最后期限是28日凌晨5时。

裕仁对陆军侍从武官本庄繁讲道:"如此凶暴杀戮朕之股肱老臣之军官等辈,即就其精神而言,岂有丝毫可饶恕之处。"本庄繁则为政变军官辩解道:"杀伤老臣固属最可恶的事情,但如事情是出于误解的动机,他们作为军官来说,这样做是出于国家着想。"裕仁则非常不屑地表示:"这只能说无非是为了私利私欲而为。"[21]

当日下午3点,东京市内开始实施戒严令,以第14师团为主力的镇压部队4000余人已经包围了政变部队。不过,戒严令中同样把政变部队列入戒严部队序列,甚至不愿称政变部队为叛军,而暧昧地称其为"行动部队"或"占领部队"。4点,真崎等皇道派高级将领再次与政变军官会晤,试图说服其主动撤退,但依旧无果而终。另一方面,天皇态度则变得愈加坚决,"每二三十分钟便召唤一次,垂询事态进展,督促尽快镇压",甚至曾对本庄繁说:"朕当亲率近卫师团予以平定。"[22]当晚8时许,村中孝次离开政变部队占领区拜访了北一辉,后者则对他讲道:"在没有得到军事参议官的回答以前,不要从现在的占领地区撤走。"[23]至原定最后期间 28 日凌晨 5 点，戒严部队仍未采取行动。

此时，除了天皇本人坚决要求镇压的指示外，陆军方面也感受到来自海军方面的压力。相较于陆军内部"欲拒还迎"的暧昧态度，海军则异常坚决。毕竟遇刺重臣中，冈田、斋藤及铃木三人皆有深厚的海军背景。事发当天，时任横须贺镇守府司令的米内光政正好人在东京新桥，得知政变消息后，急忙赶回驻地。在他的强烈建议下，第一舰队当晚便驶入东京湾。27 日时，已有多达 40 艘战舰将各自炮口对准了政变部队，海军陆战队也开始集结在东京周边海军基地。[24]若出现海军"越俎代庖"乃至天皇"御驾亲征"的局面，对陆军内的任何派别自然都是无法接受的奇耻大辱。

图 37　在芝浦码头集结的海军陆战队

暴走军国：近代日本的战争记忆

在重重压力下，香椎浩平最终同意武力平定政变。原定 28 日午后就发动进攻，但由于居民疏散未完成等原因，进攻时间又被推迟至 29 日凌晨 5 时。下午 1 点，出于保全陆军颜面的考虑，陆军大臣川岛义之通过陆军侍从武官本庄繁向裕仁提议：请天皇派遣敕使命令他们切腹自杀谢罪。如此一来，既能解决事态，又能维系政变军官所谓"忠君爱国"的荣誉。结果，这个自以为两全其美的提议被天皇裕仁愤怒地驳回，大骂道："要自杀，随他们的便，派什么敕使，免谈！"裕仁当然知道"在自裁的场合派有使者为检视"的这种方式，但坚持认为"派遣使者检视这本身含有礼遇叛军的意思，就意味着这种行为具有一定的正当性"[25]，因此坚决不同意。

至此，陆军内部皇道派企图解决政变危机的努力彻底失败。直到这个时候，政变部队才被正式称为"叛军"。至 28 日晚，从周边各地调集来的平叛部队已多达 2 万余人，将政变部队团团围住。政变部队内部开始动摇，尤其是基层士兵。

步兵第三联队第三中队上等兵泽田安久太郎在手记中写道：

> 28 日清晨，用所剩无几的口粮准备完早餐后离开大藏大臣官邸。积雪的道路上只见避难民众推着堆满家具和日用品的推车仓皇地走着。这肃杀的气氛中终将会爆发战斗吧。毫无实战经验的我设想了各种作战方式。事实似乎在紧迫的氛围中不断发生着变化，就连被切断与外界联系的我们也能感到事态有多严峻。同时，对未知前途产生不安和焦躁，且

束手无策……在 28 日发行的每份报纸上，都在头版头条的位置写着"明早将对叛军发动攻击，呼吁曲町周边的市民尽快避难"。曾几何时，我们竟已被当成叛军，虽无人开口，但彼此都心知肚明。当时心情很复杂，并陷入一种逐渐被逼上断崖的绝望感之中。[26]

29 日凌晨 5 点，香椎浩平以戒严司令部名义通过无线广播宣读了《告士兵书》，并派出飞机向政变部队散发了 3 万余张传

图 38　电影《二二六》的海报

单，要求士兵"立即归队"，"抵抗者全部为逆贼，格杀勿论"，"你们的父母兄弟将成为国贼"。8点，在坦克引导下，荷枪实弹的镇压部队开始缩小包围圈，进逼政变部队。眼见大势已去，先是坂井中尉、清原少尉等军官集合士兵撤退，其他政变部队遂开始相继投降。中午时分，在镇压部队监视下，高唱着"昭和维新之歌"的政变部队均陆续撤回营区。

图39　电影《二二六》中三浦友和饰演的安藤辉三

1989年五社英雄导演的电影《二二六》（松竹映画）完整描绘了政变全过程。片中，汇聚不少知名演员，例如竹中直人、本木雅弘等。中国观众最熟悉的三浦友和则出演了"安藤辉三"一角。

第三联队撤退前，安藤辉三曾对自己特别信任的一位伍长说："我现在也不能忘记，曾经被你责备说：'中队长先生，你真的了解农民的现状吗？然而，你所担心的农村最终是拯救不了的。"另一位士兵曾如此记述撤退前的心情："一想到要和中队长分别，而平素得到他的关照，温情可感，一时涌上心头，便不由得流下泪来。无论是东北的贫穷状况，还是希望全体国民幸福的心愿，都消失了，一想到改善国政之途径已经断绝，沮丧与悲伤便交替刺疼着我的心。浓厚的黑云恐怕进一步弥漫，要遮住整个日本的阳光。"[27]

审判

虽然政变仅四天就落幕，但"二二六事件"的影响却极为深远，同时也映射出明治以来，尤其是日俄战争后军国主义意识形态在日本社会蔓延的程度之深、范围之广。美国驻日大使格鲁就认为"二二六事件"的爆发并非难以想象，相反乃是日本长期以来军国主义教育的下的必然产物，若不彻底反省军国主义思潮则无法根本杜绝这种现象：

> "二二六"事件之类的事究竟为什么会发生在日本？翻翻教育日本青年的那些历史书，再好好思考，就不难理解了。书中充斥着的，自上古起，就都是这类事迹，不是刺杀，就是自杀。或出于报复，或因忠于主公，或表示对某一情况负责，真是荒诞（日本本来就是一个矛盾百出的国家）。少壮军官们自以为，他们那样做是在为天皇效力，是要清除天皇左右的所谓恶势力。然而，这些人却正是天皇自己选拔出来的。军官和这些人之间亦并无私人恩怨。他们杀了斋

藤、渡边、松尾（首相的妹夫，被误认作首相）之后，仍给死者烧香；在高桥家，因找不到香，还一定要在这个被杀的政治家身旁点上蜡烛。若要防止今后再发生此类事件，不仅国内社会和经济方面必须实施新政，日本式的学校教育和军事教育都应需要进行根本改造。[28]

回首整场近乎闹剧的军事政变，不难发现裕仁天皇坚决平叛的态度起到了最重要的主导作用。政变部队自诩是"尊皇义军"，希望铲除政党、官僚以及陆军内部的异己势力，以天皇为中心建立类似当时德国、意大利那样的法西斯军政府。基于这种考虑，政变军官一度非常天真地以为他们擅自调动军队的行为虽然侵犯了天皇的"兵马大权"，但是可以得到谅解的。主谋之一村中孝次甚至将政变部队类比为制造"九一八事变"的关东军，认为"对于昭和六年（1931 年）9 月 18 日关东军的独断行动，在当时朝廷的讨论中，就是否应该允许这种行动的问题，虽未能轻易地做出决定，但此独断幸得大元帅陛下之嘉纳，使我之武威大大伸展于满蒙之原野，而奠定'满洲国'独立之基础"[29]。换言之，政变军官认为他们所作所为与当年的关东军无异，既然天皇能事后追认关东军的行为，那为什么不能承认他们的行为呢。

然而，裕仁本人对此一厢情愿的臆想却不屑一顾，非但未追认所谓"昭和维新"，更督促采取坚决镇压的态度。裕仁晚年曾表示："我只有两次积极执行了自己的主张，一次是这件事（指'二二六事件'），一次则是终战。""二二六事件"中，政变部队虽标榜"尊皇讨奸"，但本质上就是不折不扣的武装政变，是对天皇军队统治大权的公然挑衅。在裕仁看来，无论其宣称的宗旨为何，若顺从其行动，那么天皇威望实则荡然无存。[30]

1936 年 3 月 1 日，裕仁特别召见本庄繁，要求军事法庭在审理此案时必须"从严从重"，强调道："军法会议之构成虽已确定，但如果像对相泽中佐的审判那样，采取优柔寡断之态度，则反将增多麻烦，此次军法会议之审判长及审判员，需要委派刚正坚强的军官充任。"[31]天皇的这条指示，让政变军官希望效仿"五一五事件"，通过法庭斗争来宣扬自己理念的计划随之破灭。东京陆军军事法庭不允许他们有辩护人，不允许庭审公开，甚至不允许上诉。在这场异常严厉的审判中，有 124 人遭起诉，所有军官及其他主谋全部被控犯有叛乱罪。被视为政变军官们精神领袖的北一辉及其弟子西田税亦遭追究。最终，有多达 19 人被判处死刑，包括北一辉、西田税在内。

最后的判决之严厉确实出乎政变军官们之意料。得知判决后，主谋矶部浅一在遗书中写道：

> 死刑犯 17 名，无期徒刑 5 名，山本十年、今泉四年，这绝对是一场不负责任的判决。余对起事同志及全国同志身怀歉意以致食不下咽，对安藤尤感愧疚。安藤只凭我的一句话便下定决心出动如此庞大的部队。安藤对我说："矶部先生的一句话让我出动联队全体，最可怜的是下级士官、士兵。"这句话在我耳边回荡。对西田先生、北先生也很抱歉，

对其他所有同志都很抱歉。仅凭我一己之见，冲动行事，导致无数同志惨遭牺牲，实乃罪孽深重。日夜思及此便深感苦痛，我只能不断祈祷，然而毫无效果，十二日早上，同志们还是遭到了虐杀。[32]

另一方面，冈田本人虽幸免，但其内阁已无法存续。广田弘毅出任新首相，负责组阁。在政变军官被判处死刑的同时，日本的政党政治也一道被"判处死刑"了。军部开始彻底凌驾于政府之上，政党内阁已名存实亡。"军部大臣现役武官制"得以复活，军方得以实际上把控了内阁人事行政大权。事后，接替川岛义之的新任陆军大臣寺内寿一在向日本议会报告事件经过时，避而不谈陆军的责任，只说本次事件教训深刻，却称：要发扬天皇亲率兵马之实，增进国力。继续巩固国防云云。[33]非但听不出陆军有任何反省的意思，却多了几分要向议会示威的味道。在此之后，军部却是开始将"二二六事件"式的政变威胁当作"武器"来要挟政治界、经济界和舆论界，并通过刺激军需工业与大财阀结成同盟，最终将整个国家拖入战争体制的泥潭之中。实际上，在"二二六事件"之前，日本陆军内部已着手通过复活"军部大臣现役武官制"来扩张其政治影响力。[34]

至于日本陆军内部，皇道派自此一蹶不振，统制派借机完全把持陆军并开始积极推行在中国的侵略活动。"二战"末期，近卫文麿在回顾"二二六事件"时甚至认为，"二二六事件"不仅改变了日本国内的政治格局，也深刻影响了日本的对外政策，间接导致日本军队内部主张介入中国事务乃至南进的主张成为主流。这位任内开始全面侵华战争的首相曾这样评论：

> 皇道派思想，如荒木大将、小畑敏四郎中将曾在俄国革命前后分别担任派驻武官，既了解苏联，又特别关注对共产主义的动向，竭力警惕防止日本被"赤化"，因此在国内问题上，强调防共防赤化，主张维护国体，发扬日本精神、日本主义；另一方面在对外政策方面，则是坚决反苏，同时抱有反对染指"支那"、反对南进政策的强烈主张。这一派对"满洲事变"、对"支那事变"当然是反对的，关于进驻法属印支更加上眼下的战争，也是坚决反对的。国内问题姑且不谈，特别是在对外问题上，所谓的皇道派和统制派完全意见相左，互不退让。偶发的"二二六事件"使皇道派戴罪连坐而被葬送，应该把这看作"支那事变"乃至如今的战争这些对外政策得以畅行无阻的分水岭。
>
> 日本精神、日本主义曾经充斥于政坛街头，令人生厌。"二二六事件"使得被认为误军误国的荒木、真崎两大将为首的皇道派遭到清算，一时赢得了热烈喝彩。但是，不如说正是"二二六事件"使陆军对国内政治的发言权大幅强化，于是所谓的"支那派"、南方派把所谓的反苏的皇道派一扫而空，而他们自己能够大行其道，能够任意引领国家了。[35]

1937 年 7 月 15 日，15 名政变军官在涩谷军事监狱被执行死刑。8 月 19 日，北一辉、西田税等四位非军籍被告人，同样在涩谷遭枪决。与此同时，全面侵华战争刚刚爆发。在所有主谋中，野中四郎与河野寿在政变失败后便选择自杀。

野中四郎吞枪自尽前，在遗书中写道：

> 不知我等是狂是愚，唯知一路奔驰。

图 40　"二二六事件" 慰灵像

1965 年 2 月 26 日，在旧日本陆军刑务所原址附近的所谓 "二二六事件" 慰灵像正式落成。主体为一尊观音菩萨雕像，另刻有描述事件经过的碑文，纪念包括政变军官、遇刺政要以及警官在内的所有死者。

资料来源：作者摄（2017 年 6 月）。

本章文献注释：

1 United States Department of State, *Foreign Relations of the United States Diplomatic Papers*, *1936. The Far East Volume IV* (Washington, D. C.: U. S. Government Printing Office, 1936), p. 719.

2 升味准之辅著，郭洪茂译：《日本政治史》第三册，商务印书馆 1997 年版，第 723 页。

3 「帝国議会に於ける陸軍大臣の 2 月 26 日事件の説明に関する」，請求番号：C01004296700，防衛省防衛研究所。

4《蒋介石日记》（手稿），1935 年 9 月 2 日，上月反省录，斯坦福大学胡佛研究所档案馆藏。

5 堀幸雄著，熊达云译：《战前日本国家主义运动史》，社会科学文献出版社 2010 年版，第 277 页。

6 信夫清三郎著，周启乾译：《日本政治史》第四册，上海译文出版社 1982 年版，第 321 页。

7 信夫清三郎著，周启乾译：《日本政治史》第四册，上海译文出版社 1982 年版，第 330—331 页。

8 信夫清三郎著，周启乾译：《日本政治史》第四册，上海译文出版社 1982 年版，第 331 页。

9 松本清張『二・二六事件第二卷』、文藝春秋、1986 年、183 页。

10 松本清張『二・二六事件第二卷』、文藝春秋、1986 年、196 页。

11 约瑟夫・C・格鲁著，沙青青译：《使日十年——1932—1942 年美国驻日大使格鲁的日记及公私文件摘录》，社会科学文献出版社 2020 年版，第 204 页。

12 转引自堀幸雄著，熊达云译：《战前日本国家主义运动史》，社会科学文献出版社 2010 年版，第 279—280 页。

13《真崎甚三郎日记》转引自升味准之辅著，郭洪茂译：《日本政治史》第三册，商务印书馆 1997 年版，第 747 页。

14 堀幸雄著，熊达云译：《战前日本国家主义运动史》，社会科学文献出版社 2010 年版，第 279 页。

15 木戸幸一『木戸幸一日記　上卷』、東京大学出版会、2009 年、464 页。

16 宫内庁『昭和天皇実録　第七』、東京書籍、2016 年、120—121 页。

17 松本清張『二・二六事件第二卷』、文藝春秋、1986 年、339 页。

18 堀幸雄著，熊达云译：《战前日本国家主义运动史》，社会科学文献出版社 2010 年版，第 280—281 页。

19 升味准之辅著，郭洪茂译：《日本政

治》第三册，商务印书馆 1997
年版，第 752 页。

20 宮内庁『昭和天皇実録　第七』、東
京書籍、2016 年、124 頁。

21 木戸幸一『木戸幸一日記　上卷』、
東京大学出版会、2009、466—467
頁；升味准之辅著，郭洪茂译：
《日本政治史》第三册，商务印书
馆 1997 年版，第 750—751 页。

22 升味准之辅著，郭洪茂译：《日本政
治史》第三册，商务印书馆 1997
年版，第 751 页。

23 升味准之辅著，郭洪茂译：《日本政
治史》第三册，商务印书馆 1997
年版，第 750 页。

24 「第 34 号/最近ノ国内情勢/2・26
事件后ノ軍部及民間ノ情勢」、請
求番号：B13080960700，外務省外
交史料館。

25 木戸幸一『木戸幸一日記　上卷』、
東京大學出版會、2009 年、469 頁。

26 松本清張『二・二六事件第三卷』、
文藝春秋、1986 年、13 頁。

27 信夫清三郎著，周启乾译：《日本政
治史》第四册，上海译文出版社
1982 年版，第 332 页。

28 约瑟夫・C・格鲁著，沙青青译：
《使日十年——1932—1942 年美国
驻日大使格鲁的日记及公私文件摘
录》，社会科学文献出版社 2020 年
版，第 210 页。

29 信夫清三郎著，周启乾译：《日本政

治》第四册，上海译文出版社
1982 年版，第 334 页。

30 山田郎『昭和天皇の戦争——「昭
和天皇実録」に残されたこと・消
されたこと』、岩波書店、2017 年、
91—92 頁。

31 信夫清三郎著，周启乾译：《日本政
治史》第四册，上海译文出版社
1982 年版，第 334 页。

32 松本清張『二・二六事件第三卷』、
文藝春秋、1986 年、309—310 頁。

33 「帝国議会に於ける陸軍大臣の 2 月
26 日事件の説明に関する」、請求
番号：C01004296700，防衛省防衛
研究所。

34 筒井清忠『昭和十年代の陸軍と政
治—軍部大臣現役武官制の虚像と
実像』、岩波書店、2008 年、31—
32 頁。

35 近衞文麿『失われし政治—近衞文
麿公の手記』、朝日新聞社、1946
年、42—44 頁。

第四章

"民族切腹" 的开始

因为我手上没有资料，故无法给出具体的建议。但请允许我打一个通俗的比方，"切不可为了避免一点点输光，结果却一把输个精光"。希望各位能对此能充分注意啊！

——1941 年 11 月 29 日米内光政
在天皇召集"重臣会议"上的发言

1937 年 7 月 8 日凌晨 5 点 54 分，日本陆军参谋本部接到了所谓"中国驻屯军"的紧急电报。驻屯军在电报中声称：因遭到射击，随即进入对敌状态，已开始要求谢罪等交涉工作。一个小时后，日本陆军省向时任首相近卫文麿报告了此消息。当时近卫文麿内阁刚刚成立一个月。

　　1937 年 6 月，近卫上台之初曾被各方寄予厚望。不仅是德富苏峰这样的皇民主义者欢呼："近卫内阁的成立的消息，使我们国民有了一种期望积云散去而见青天的感觉。"即便如进步学者岩渊辰雄也承认："好像受到了普遍的欢迎。五摄家①的首席青年华族当上总理大臣，使国民有一种新鲜的感觉。"[1]

　　听完内阁书记官长风间章的汇报后，面色严峻的近卫文麿得知此事的第一反应却是自言自语道："该不会是日本陆军的阴谋吧？"

---

① 所谓"五摄家"，是指镰仓时代后藤原氏中有资格担任摄政、关白职位的五个家族，即近卫、九条、二条、一条、鹰司。

身为首相的近卫文麿之所以会怀疑此事是日本陆军方面的阴谋，自然是因为近六年前的"九一八事变"。

"九一八"往事

1931年9月18日深夜，日本关东军虎石台守备队柳条湖分遣队在沈阳以北7.5公里处柳条湖南满铁路段引爆事先安放的炸药，摧毁了一段铁路。爆炸发生后，关东军立刻声称这是中国军队所为，随即兵分两路进攻东北军驻防的北大营，挑起"九一八事变"，正式揭开日本武装侵占中国东北诸省的序幕。事变之初，关东军以及日本陆军屡次无视若槻礼次郎内阁"不扩大事态"的方针，反而大举动员兵力甚至径自调动驻防朝鲜的日军。9月底，日军已占领沈阳、长春、抚顺、营口、凤凰城等地。10月初，日军不顾国际社会的反对，开始持续轰炸锦州。同月底，由于苏联对事变采取"不干涉政策"，日本关东军又开始向"北满"进兵。[2] 在短短数月间，关东军几乎占领了中国东北全境。其间，前中国驻屯军司令、时任陆军大臣南次郎就曾露骨地叫嚣：军部希望一举解决满蒙问题，万一政府不同意军部此案。那么军部为达此目的，不惜推翻政府。

1931年12月，若槻内阁倒台后。接任首相的资深政客犬养毅曾派遣秘使赴华讨论和谈事宜。然而，远在东京的犬养毅内阁既无法掌控前线动向，也难以贯彻其政策。到头来，日本政府只能继续追认乃至纵容军方在东北的军事行动。尤其是1932年张

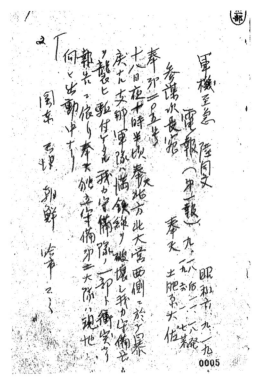

图41　1931年9月19日，时任奉天特务机关长土肥原贤二发给参谋本部的电报原件

电报中诬指北大营的中国军队破坏铁路，向守备队进攻，挑起事端。实际情况恰恰相反，日军自行引爆炸药后，便立即向北大营和奉天发动了袭击。时任关东军司令本庄繁中将则在作战参谋石原莞尔的建议下，同意全军出动。

资料来源：「満洲事変作戦指導関係綴　別冊其の1電報（案）他（1）」，请求番号：C12120030100，防卫省防卫研究所。

学良宣布放弃锦州，东北军全部撤入关内后，东京方面非但无法追究关东军的"暴走"行为，相反还在民粹的裹挟下不得不称赞其决断。而裕仁事后也并未追究军方擅自行动而侵犯天皇统帅权，而是"乐见其成"。不久后，在日本陆军的一手扶持下，伪"满洲国"正式成立。面对军方立下如此的惊人"战果"，日本政府自然已不可能再予以追究，因为"胜利者是不应该被指责的"。事实上，胜利者非但没有被指责，更获得了当时日本举国上下的支持。

"九一八事变"后走马上任的美国驻日本大使的格鲁对此情形有过生动的描述：日本在"国联"等国际外交场合因"九一八事变"而遭遇指责后，日本百姓又会倾向将责任归咎于外务省而非军方，于是形成恶性循环，军队的势力愈加膨胀。在日本国内经济形势不断恶化的背景下，军方内部激进派除了对外发动军事冒险外，也开始采取近乎"恐怖主义"又或是武装政变的方式来刺杀政府高官。例如在1932年的"五一五事件"中，海军少壮派军人刺杀了包括首相犬养毅在内的多名政府高官。结果在审理此案时，却引发了全国范围内民众请愿求情的浪潮，数十万人写信乃至写血书、自斩手指来要求为凶手们减刑。于是，格鲁认为"即便如元老西园寺公望，在军阀面前实际上同样无能为力，看来今后他将继续受到冷遇"[3]。他进而指出"日本国内有一种虚浮狂暴的气质，这主要是军部的宣传培养起来的。这种气质可以在今后几年或几代内把日本引到极端，什么事都干得出来，除非政府中头脑比较清醒的人确能力挽狂澜，能防止国家走上民族自杀之路"[4]。

军方之所以能够无视政府政策，擅自策划、执行类似"九一八事变"这样的巨大阴谋，在造成既成事实后又能迫使政府追认，除了个别军官的独断专行外，更是由于当时日本异常"畸形"的军政体系。而这种体系的根源可以追溯到1882年由明治天皇亲自颁布的《军人敕谕》。

天皇的统帅大权

"夫兵马大权，为朕所统，唯有各司，任于臣下，故其大纲由朕亲揽之，而不敢委于臣下。"[5]

这句话出自1882年1月由明治天皇亲自颁布的《军人敕谕》。由著名教育家西周执笔，山县有朋、井上毅、福地源一郎等明治功勋老臣参与修订。在经历过西南战争、竹桥事件等内战叛乱风波，以及当时如火如荼的自由民权运动后，明治政府意识到需要重新确立军队准则与权责，因此出台了一系列包括《军人敕谕》在内的重要文件，借此明确军队与政府之间的关系。1878年，《参谋本部条例》的颁布意味着日本开始正式效仿德国建立自己的军事体制，倡导军政与军令分开——作为内阁成员陆军大臣主管日常的军队行政，而与之平级的参谋总长主管作战与用兵。其中，军令机关即参谋本部直接且仅向天皇本人负责，从而保障天皇的所谓"兵马大权"。[6]

把兵权与政权剥离的另一个重要考虑，则是对当时日益高涨自由民权运动采取的预防措施。换言之，即便出现自由民权派进入政府的情况，其影响力也不会不波及军队。参与《军人敕谕》

修订的井上毅就曾讲过："天子乃兵马之元帅，军人乃王室之爪牙，故军人者，专有爱国忠君之义，而无结党议政之权。"[7] 显而易见，依照《军人敕谕》的逻辑，军事统帅权独立于内阁政府的意义在于保障天皇对军队的垄断大权不受政治变化的影响。在1899年颁布的《大日本帝国宪法》中对此又予以强调并将之法律化，亦成为日后日本军国主义的发端肇因。

在明治时期制定的《大日本帝国宪法》中，曾特别规定了天皇的军事统帅大权。其中，第 11 条规定"天皇统帅陆海军"。明治维新元老伊藤博文曾这样解释此处"统帅"的定义："本条表示统帅兵马之至尊大权，专属帷幄大权。"[8] 紧接着的第 12 条又规定"天皇决定陆海军之编制与常备军之数量"。换而言之，天皇不仅握有统帅军队的指挥大权，也掌握制定日常军事政策的权限。根据这两条宪法条款，日本陆海军的军事统帅大权全部直属天皇，而独立于内阁政府之外。

实际上，1881 年围绕宪法制定问题，明治政府内部也发生过激烈争论：一面是大隈重信提倡的"英国式议院内阁制宪法"，另一面则是井上毅主张大"普鲁士式钦定宪法"。当时负责赴欧考察列强宪法的伊藤博文站在井上毅这一边，并对维也纳大学宪法学家冯·施泰因的国家主义学说心悦诚服，最终催生了脱胎自"普鲁士式钦定宪法"的明治宪法问世。[9]

1900 年，"陆军元老"山县有朋进一步制定了"军部大臣现役武官制"，规定只有现役军人才能担任陆海军大臣且须军部同意。于是，无论是某政党通过赢得议会选举而获得组阁权，又

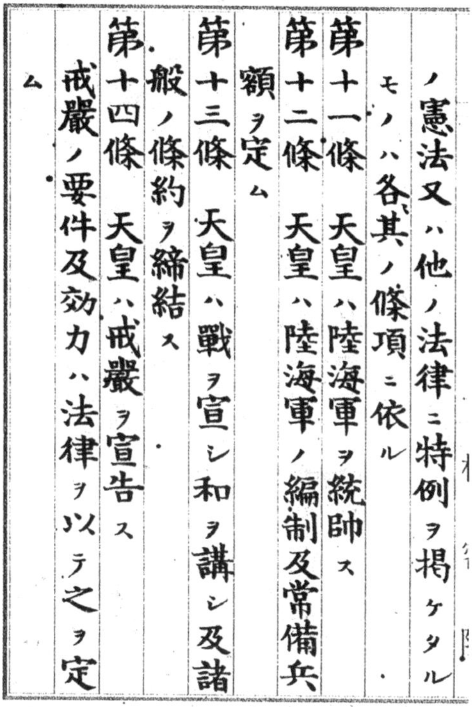

ノ憲法又ハ他ノ法律ニ特例ヲ掲ケタル
モノハ各其ノ條項ニ依ル
第十一條 天皇ハ陸海軍ヲ統帥ス
第十二條 天皇ハ陸海軍ノ編制及常備兵
額ヲ定ム
第十三條 天皇ハ戰ヲ宣シ和ヲ講シ及諸
般ノ條約ヲ締結ス
第十四條 天皇ハ戒嚴ヲ宣告ス
戒嚴ノ要件及効力ハ法律ヲ以テ之ヲ定
ム

图 42 《大日本帝国宪法》第 11、第 12 条

《大日本帝国宪法》中第 11、第 12 条明确规定军事统帅权直属天皇，因此成为了军部独立体制以及军国主义化、法西斯主义化的法理依据。

资料来源：「大日本帝国憲法・御署名原本・明治二十二年・憲法二月十一日」，請求番号：00284100，国立公文書館。

或是某重臣受举荐而有望成为首相人选，但只要陆军或者海军不提交陆海军大臣人选，那么就无法组成政府。此外，如果军方不认可内政所推行之政策，也可以通过让陆海军大臣辞职的方式来让内阁垮台。1913 年，海军大将山本权兵卫内阁时期曾一度修订"军部大臣现役武官制"，规定预备役或退役军人亦可出任军部大臣，但之后实际上仍是由"现任武官"担任陆海军大臣之职。[10]

此外，由于军政、军令彼此独立，因此陆军参谋本部或海军军令部下达任何军令无须内阁签署，甚至理论上都不必告知首相，只需事先征求陆海军大臣的意见。而陆军参谋总长、陆军大臣，又或是海军军令部长、海军大臣皆可以直接上奏天皇，而无须征得首相同意。"二二六事件"后，日本陆军掌权的统制派为预防转入预备役的皇道派将领出任军部大臣，又再度复活了"军部大臣现役武官制"。在实际操作中，但凡涉及军事的重大决策都是陆军"三长官"（即陆军大臣、参谋总长、教育总监）[①] 意见一致后上奏天皇。对于"三长官"的一致意见，天皇原则上不会否决；同时依惯例，天皇本人事先也不会先提出决策方案。[11] 于是隶属天皇的统帅大权在实际操作中，逐渐沦为军部独裁，正所谓"制度往往远远超出当初制定的目的而发挥作用"[12]。

如此一来，当时日本的国家政治结构名副其实地被分裂为以内阁为首的政府，与以陆海军省、参谋本部、海军军令部等军事机关组成的所谓"军部"。随着对外扩张步伐加快，军部的力

---

① 与之相对，日军海军所谓"三长官"则分别是海军大臣、军令部长与联合舰队司令长官。

暴走军国：近代日本的战争记忆

量同样随之膨胀。按美国大使格鲁的话来说便是"军部掌权太牢固了，今后亦将如此"。至卢沟桥事变爆发之时，军部离垄断国家权力仅有一步之遥。这只名为"军部"的"怪兽"早已"暴走"且无人能驾驭，连当初将其从牢笼中释放出来者也难以控制。

1930 年，以参谋本部为首的军部势力为抗议日本政府签署《伦敦海军裁军条约》以及之前的"宇垣军缩"①，而开始进一步拓展"统帅权"的定义，认为"统帅的本质在于用兵，故用兵及其计划皆属统帅的范围"，[13]"用兵之基础在于国防计划，由此看来，制定国防计划亦属于统帅范畴"[14]。"九一八事变"后，初尝"暴走"甜头的军部变得愈加肆无忌惮，在1932 年出版的陆军大学教材《统帅参考》中明确写道，"原则上以国家军队为对象的一切命令权均属统帅权。动员军队、出动军队、对军队的指挥运用以及决定军队的内部编织、对其进行教育训练、维持军纪等权限悉属统帅权范围"，因此"为保障统帅权之独立，'武官地位之独立'与'其职务执行之独立'是有必要的。政府机关与统帅机关最终仅仅是处于对立平等的地位"。[15]

近卫文麿领命组阁前，就已感受到了军部越来越强大的压力，甚至感叹"二二六事件"后陆军内再没有其他派系力量可以

---

① 1925 年宇垣一成任陆军大臣前，推行的大规模裁军计划，共裁撤 4 个师团、16 个联队区司令部、5 所陆军病院、2 所陆军幼年学校，史称"宇垣军缩"。虽为陆军大将，但宇垣一成本人因这次大裁军而彻底得罪了陆军。1937 年曾因西园寺公望推荐而受命组阁，但因陆军强烈反对而流产。

彼此牵制利用："经过了广田弘毅、林铣十郎内阁即可知，陆军干预政治益发不可遏制……对中国对美英政策亟需慎重。但又能怎么办？军队中已经不再有皇道派，即便不起用皇道派，陆军大臣现役武官制的俨然存在也使内阁干什么都困难重重。"[16]

从不扩大主义到全面侵华

1937 年 7 月 8 日下午 6 点 42 分，时任参谋本部第一部（即作战部）部长、"九一八事变"主谋者之一石原莞尔授意发布了参谋本部第 400 号临时命令，要求驻扎华北的日军"为避免事态扩大，应避免主动行使武力"[17]。次日下午，参谋总长载仁亲王在觐见时也将此方针上报给昭和天皇。[18]

身为参谋本部最重要部门第一部（作战部）部长的石原莞尔直接负责军事计划的制订、军事命令发布以及部队动员，因此对"卢沟桥事件"后的事态对事态处理握有实际上的决定权。在这位"帝国陆军异端儿"看来，当时的日本理应集中力量巩固在伪"满洲国"的势力并积蓄力量随时准备对付苏联的威胁，因此不应"节外生枝"地去与中国发生大规模武装冲突。除了眼前苏联的威胁外，石原甚至认为中日开战还会影响他预想中所谓"东方王道（日本）与西方霸道（美国）间的世界最终战争之准备"，白白消耗国力。

尽管石原本人持"不扩大主义"，但当时日本陆军大部分将领与参谋们则普遍主张所谓"对'支'一击论"，即只要对中国

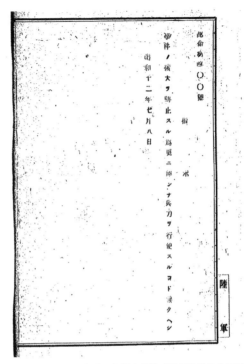

图43 日本陆军参谋本部第 400 号临时命令原件

资料来源：「支那事变　臨命卷1　第 400 号～408 号」，
請求番号：C14060925000，防衛省防衛研究所。

猛然一击，那么整个华北乃至内蒙地区都将顺利地纳入日军的支配之下。例如陆军省兵务课长田中新一大佐在当天日记中写道："只有以实力对应一种方法，增强我军在华北的兵力，必要时予以打击，只有这样才能收拾事态。"而在负责实际用兵的参谋本部，信奉类似主张者更是大有人在。

当得知"卢沟桥事变"的消息时，陆军省军务课长柴山兼四郎大佐抱怨说："让人头痛的麻烦事发生了。"立在一旁的参谋本

图 44　石原莞尔 (1889—1949)

　　"性格古怪" "特立独行"，或许算是石原莞尔身上最引人瞩目的两个标签，以至于被称为是 "帝国陆军的异端儿"。1911年驻扎朝鲜春川时，得知武昌起义的消息后，他带着部下登上驻地附近的山顶高呼 "中华民国万岁！" 1918年自陆军大学毕业后，曾长期留学德国。其间，形成了自己整体战的军事思想并认为 "西方霸道文明" 与 "东方王道文明" 之间未来必有一战。出于将中国 "满洲地区" 变成这场未来东西大战 "后方基地" 的考虑，积极策划占领满蒙的行动，最终导致 "九一八事变"。"二二六事件" 期间，作为参谋本部作战课长积极参与平叛，宣称："我既不是皇道派，也不是统制派，而是 '满 (见下页)

部作战课课长武藤章大佐①却冷笑着回答说："是愉快的事情发生了。"

　　在7月8日石原莞尔发布 "不扩大主义" 的命令后，陆军大臣杉山元在当晚召集 "强硬派" 军官商议对华增兵事宜。于是，武藤章连夜起草完成了《华北时局处理要领》，提出 "如果中国军队采取挑战的态度，那么就需向中国驻军增援必要兵力，驱除中国军队"，要求废弃之前石原莞尔发布的第400号临时命令。

　　9日，近卫文麿召集临时内阁议会。会上，陆军大臣杉山元提议向中国增兵三个师团。包括海军大臣米内光政在内的其他内阁成员均持反对或谨慎态度。米内说："不同意出兵，如果向内地出兵有可能造成全面战争的重大局面。除非万不得已，不可贸然决定。" 由于阁僚多持反对意见，增兵提议暂未获通

① 战争全面爆发后，武藤章历任陆军省军务局局长、第2近卫师团师团长、第十四方面军参谋长等职。战后，武藤章被远东国际军事法庭判处死刑。1978年被合祀于靖国神社。

(接上页) 洲派'。"卢沟桥事变爆发时已升任参谋本部作战部长，但因持所谓"不扩大主义"遭左迁，调任关东军副参谋长。之后，对当时伪"满"内部与关东军的腐败、专横感到失望。1939年晋升中将，回国任第16师团团长。因与东条英机数度爆发激烈冲突而被罢免军职，编入预备役。远东国际军事法庭审判时未被起诉，仅作为证人被传召。在法庭上曾说："我是引发'满洲事变'的中心人物却没有被列入战犯，令人无法接受。"1949年病逝。著有《最终战争论》《战争史大观》等。

过。当天傍晚，听闻内阁暂不决定派兵的决定后，石原在自己的工作日记上写道："为事态解决，还是不动用兵力为好。"

然而，到了7月10日的参谋本部部长会议上，形势却急转直下。武藤章在提交自己的"派兵案"即《华北时局处理要领》时，面对自己的顶头上司石原莞尔曾不无讥讽地说道："石原阁下，怎么能说这种反对增兵的话呢？我现在所做的事情，不就和您当年在柳条湖所为一样吗？"听到武藤章这番话，向来能言善辩的石原莞尔竟无言以对。于是，武藤章接着阐述所谓"派兵理由"：中国正在准备对日战争，事态有恶化扩大的可能。若坐失良机，日本军会被占优势的中国军队包围而难以救援。当地日本居民的生命财产也将毁于一旦。为此需彻底根除隐患，有派兵的必要。

面对武藤章为首主战派以及日军高层的重重压力，石原莞尔最终改口同意增兵，于会上表示："用兵需要数周的准备时间，即便持不扩大的希望，但倘若形势紧迫，亦可作为以防万一的准备，故有必要实施动员。"

于是，10日晚9点，内阁书记官长风间章向近卫文麿转达了陆军大臣杉山元的要求："当地兵力实在过于薄弱，令人担忧。希望火速决定派兵并在11日召开内阁会议。"面对此要求，近卫别无选择，只能同意。

11日清晨8点左右，就在近卫准备动手前往主持内阁会议前，他却迎来了一位意料之外的不速之客——陆军参谋本部第一部部长石原莞尔少将。

近卫的抉择

石原莞尔开门见山地对近卫文麿讲："请在今天的内阁会议上否决陆军的派兵方案。"或许是因为对前一天迫于压力同意派兵后感到后悔，石原才会直接找到近卫文麿，希望总理大臣能够亲自出面阻止派兵计划。石原的话给了近卫一种印象：内阁和军部之间存在着鸿沟，不仅是近卫为自己无力抑制军部而苦恼，其实就连军部首脑对军队内部也无法完全掌控。

六年后即1943年，已被东条英机取代的近卫文麿再次遇到此时早已退役赋闲的石原莞尔。两人曾谈及"卢沟桥事变"时的情形，近卫问石原："你身为参谋本部作战部长提倡'不扩大主义'，政府也想配合，但怎么就还是扩大了?!"石原回答："被面从腹诽之徒欺骗了。"[19]事实上，这两人的说法实际上都不免有推卸责任与避重就轻之嫌。

7月10日中午11点半左右，近卫内阁的五相会议①正式举行。会上，陆军大臣杉山元果然重提派兵之事，并表示动员兵力是为了保护当地日本侨民，所谓有备无患。结果，近卫文麿并未采纳石原的建议，而是同样改弦更张，同意了杉山元的增兵要求。事后回忆时，近卫给出的辩解理由是，杉山元以保护侨民为理由故难以反驳。然而，实际原因或许是因为近卫文麿非常清楚，即便他的内阁暂时阻挠增兵计划，军部仍旧可以自行其是，甚至不惜通过陆军大臣辞职的方式来"倒阁"。而当时年仅45岁的近卫本人之所以能够在1937年6月4日组阁上台，背后同样有赖军方的全力支持。之前，宇垣一成组阁失败便是他的前车之鉴。尽管此前甚至怀疑"卢沟桥事变"同样是陆军的阴谋，但在现实政治的阴影下，近卫依旧选择了一条铤而走险的道路——纵容军部的暴走，换取其政治支持。在当天下午举行的全体内阁会议上，近卫文麿同样改弦更张，同意了杉山元的增兵要求。除了国内政治的考虑外，近卫也并未认识中国国内高涨的抗日呼声与民族诉求，而是相信日本只要摆出强硬的姿态就能迫使中国屈服。换句话说，他心存侥幸地认为即便派了兵也未必真的爆发全面战争，目的在于恐吓中国方面妥协退缩。

在华北双方对峙第一线，7月9日，时任北平市长兼第二十

---

① 五相会议，即总理大臣、外交大臣、财务大臣、陆军大臣、海军大臣参加的内阁核心会议。在涉及重大决策时，依惯例会先召开五相会议来为正式内阁会议定调。

图 45　近卫文麿（1891—1945)

在日本近代史上，估计没有任何一个政治人物能如近卫这般充满矛盾。他早年受父亲近卫笃麿影响而接近所谓"亚细亚主义"，后在西园寺公望的指引下对英、美、法等国的自由主义情有独钟。大学时代，曾是日本著名共产主义学者河上肇的学生，一度对马克思主义政治经济学有浓厚兴趣。1922 年进入贵族院，1933 年成为贵族院议长。虽然很早就意识到军部膨胀可能将日本带上歧途，却又心甘情愿地与之合作。1937 年在军部支持下成为首相。1940 年 7 月第二次出任首相后，干脆效仿纳粹成立了法西斯主义政党"大政翼赞会"，禁止其他政党存在。在对美开战问题上犹豫不决，最终被东条英机取代。1944 年后，开始在日本政坛组织反东条英机的运动并劝说天皇应尽早停战以避免日本国内"爆发共产革命"。战后被列为甲级战犯，后服毒自尽以（见下页）

九军副军长秦德纯与驻屯军特务机关长松井太久郎进行了停战谈判。11 日晚上 8 点，双方已签署停战协议，冀察政务委员会几乎同意了日军的所有要求。然而在东京时间下午 6 点 25 分，近卫文麿内阁却对外正式发布了日本政府对华派兵的公开声明，诬称本次事件乃中方蓄意挑起的武力抗日行动，为要求中国政府谢罪和提供将来之保障，所以决定对华北出兵。在发布声明前，近卫已向昭和天皇报告了内阁决议，声称"在事态不扩大、现地解决的条件下向华北增兵"。[20]

晚上 9 点，近卫在首相官邸对新闻媒体发表讲话，要求日本社会各界全面支持政府的派兵决定。外务省东亚局长石射猪太郎对当时的情形印象深刻："首相官邸像过节般热闹，这显然是政府为了引导事件扩大化而大造声势。听说是首相心腹的主意。他们希望政府先下手为强，用更激进的方法来尽快解决事件，以为这样就可以使军部听话。这简直在开玩笑。"[21] 石射猪太郎的同僚、

(接上页) 逃避审判。蒋介石曾称其为"日本亡国大夫候补惟一之人物也"。日本第 79 任首相（1993 年 8 月 9 日—1994 年 4 月 28 日）细川护熙为其外孙。

日后代表日本在投降书上签字的外务大臣重光葵①也有类似的看法："内阁发言人没有深思熟虑就再三表达日本的强硬态度，宣传此次不是'事件'而是'事变'。政府一面号称坚持不扩大方针，一面又事实上将事态扩大。结果变成政府与军部一道都叫嚷着要进行'惩戒中国的圣战'。"[22]

实际上，近卫之所以会做出这个决定，正是因为他了解"作为同一内阁中成员的陆军大臣完全成为超内阁的存在"，而陆军大臣总是"一味地要求将陆军的意见作为国策来发布，同时又掐着内阁的命脉"。[23] 也正因为如此，近卫才会选择不仅放任军部暴走，甚至选择更为激进的侵华政策以显示自己政府的存在感。用美国驻日大使格鲁的话来说就是：

---

① 1932 年 4 月 29 日虹口公园爆炸事件中，时任日本驻华公使重光葵右腿重伤，终身跛行。之后，历任外务副大臣，驻苏、驻英大使，东条英机执政入阁成为外务大臣直至战争结束。战后被列为战犯，1950 年获释后重返日本政界，任鸠山一郎内阁的外务大臣。

出现此种不幸局面，首先要怪日本自己。因为它手段拙劣，现在只是自食其果。问题就出在外交政策受双重控制，这是老问题了。在这方面，政府中的文官，连首相和外相在内，都受制于军人，听命于陆海军，陆海军既不懂也不关心

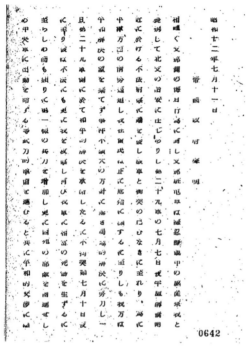

图 46　近卫内阁发表的《帝国政府声明》正式表明了向华增兵的态度

资料来源：「支那事变関係一件　第十二巻　帝国政府声明」，请求番号：B02030534700，外务省外交史料馆。

同外国发展友好关系的，但没有他们的支持，内阁的寿命又长不了。德国就有过同样的情况，在1914年闹出多大的事来，我们已经见过了。[24]

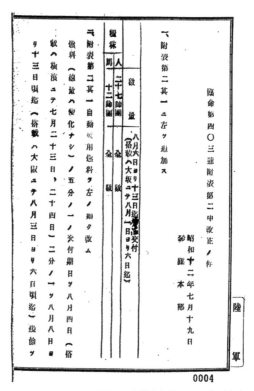

图 47　参谋本部第 403 号临时命令

日本陆军参谋本部 7 月 19 日发布的第 403 号临时命令已修正之前的第 400 号临时命令并部署具体兵力动员事宜。

资料来源：「支那事变　临命卷 1　第 400 号～408 号」，请求番号：C14060925000，防卫省防卫研究所。

军部独大

1937 年 8 月 13 日，淞沪会战打响。次日，日本又开始大举增兵上海。近卫文麿率领内阁成员在东京站欢送上海派遣军司令松井石根。欢送仪式前，"松井大将把杉山陆相拉到站长室，竭力说服他要实现打到南京的军事作战构想，而出兵的理由是保护侨民"。听到松井的话后，近卫文麿非常惊讶地问杉山元："陆军想打到南京吗?!"结果，杉山敷衍称大概打到芜湖一带。[25] 从这个不为人注意的细节，可以窥得当时日军畸形的军政关系，陆军可以自行决定作战策略，却完全不用向政府负责。

侵华战争全面爆发后，日本开始进入所谓"战时体制"，遵循甲午战争、日俄战争的先例，设立负责战事指挥的"大本营"自然被排上了议事日程。起初，近卫文麿一度幻想以内阁首相为中心成立大本营，以便取得处理对华问题的主动权。然而，陆军省虽支持成立大本营，但却坚持首相及其他内阁成员皆不应纳入其中。另一方面。时任海军大臣米内光政则干脆反对设立大本营。由于"卢沟桥事变"后，中日双方并未正式宣战，因此日本方面为此修订了新的《大本营条令》，规定所谓"事变期间"亦可以设立大本营。

1937 年 11 月 18 日，新修订的《大本营条令》正式颁布。大本营作为"在天皇权威之下设置的最高统帅部"而正式成立，负责协调陆海军的作战策略，而包括首相在内的其他政府文官则统统被排除在外。内阁与大本营之间另设联络会议来予以协调。近卫文麿希望通过大本营来驾驭军部的设想彻底落空。在之后的对外政策，尤其是对华、对美政策上，内阁已丧失真正的决策权，而必须转而看大本营，也就是军部的眼色行事。更为吊诡的是，有时为了彰显政府行事的"合法性"，继而争夺决策话语权，身为内阁总理的近卫文麿甚至在某些问题上还会抢在军方之前，做出更激进、更军国主义的决定。此间最典型的例子就是1938年1月16日，近卫发表了臭名昭著的所谓"帝国政府不以国民政府为谈判对象，将期待能与帝国共同合作的新政权确立"的外交声明。之后，近卫本人也不得不承认这是"自己的重大失策"。"卢沟桥事变"前后，近卫文麿犹豫再三最终同意增援派兵，也正是基于这种投机心理。但是，导致的结果却是军部在战争过程中逐步掌握了对内政、外交的实际领导权。此外，随着战争规模的扩大，日本海军为了与陆军争夺在所谓"国防领域"的话语权也开始转而推动越来越激进的侵略政策，例如侵占海南岛以及对重庆的战略轰炸。[26]

侵华战争打响后，外界对于日本国内军部独大的畸形状态渐有认知，相当多有识之士认为这将是造成日本之后最终失败的重要原因之一。德国驻华军事顾问亚历山大·冯·法肯豪森在1938年3月初对中国军队高级将领演讲时就特别指出："当中国军队退出上海的时候，日本政治家要是有远见卓识的话，就应该在这时机想法结束战事。但日本军权太大，一切偏重军事，政治家恐亦无可如何，于此可见日本军事、政治的不协调，将来日本军事上的失败就好从这上面看出来。"在法肯豪森看来，"军事领袖的意志往往超过政治领袖的意志之外，此所以有时军事上目的达到，而政治上的要求未能做到，于是也会发生不良的结果"。[27] 法肯豪森的同乡、德国宪法学家奥托·克尔洛伊特（Otto Koellreuter）在东京大学担任客座教授期间，对当时的日本国家体制也有类似的看法："……如我们所观察，日本至今还没有出现完全战胜政党国家和领导政治的一党建设。日本有权威的领导国家的担当者现在毋宁说是依靠军队的统帅权。"[28]

有趣的是，一度利用军政二元体制而发动"九一八事变"的石原莞尔对此类军政不协调的决策体质同样有所"反省"。在其著作《战争史大观》中，石原已认识到"在持久战争的时候，政略的地位将逐渐提升，到最后政略也将领导战争为止"，也承认在持久战争中军事统帅权完全独立于政府之外常出现不利的状态。他甚至以第一次世界大战期间的德国与英法为例加以比较，"统帅权独立的德国在战略指导上比起协约国都还要来得出色，如果战争照这样进行并且结束的话，或许统帅权的独立会被认为是最好的方式，可是陷入持久战后统帅权与政治的关系就一直处于非圆满的状态"。[29]

在谈及明治以来的日本日趋畸形的军政关系时，石原莞尔却并不愿干脆地承认其就是"统帅权独立于政府之外"的军政二元体制，因为他主张日本军事统帅大权是由天皇所直接掌握。一旦出现政府决策与军事统帅之间的矛盾，那么就必须仰赖所谓"天皇圣断"。在石原莞尔的理论体系中，天皇似乎真成了能够化解一切军政矛盾的"仲裁者",以至于他进一步吹嘘这是日本国体"灵妙的力量","扮演着万邦无比的重要角色"。[30] 石原莞尔这类对日本军政关系与天皇制的认知在当时日本军政界可谓是相当普遍,就连屡遭军队激进分子暗杀的政治家牧野伸显都讲过:"在日本,我们有一种预防设施,为他国所不及,那就是皇室。只因天皇至高无上,永能独断乾纲,所以断不会有来自军事法西斯主义、或共产主义、或别的什么'主义'的'危险'。"[31]

然而,手握统帅权而能独断乾纲的昭和天皇却从未真正制止过军部愈演愈烈的"暴走"与在中国的军事冒险。"九一八事变"期间,军部就曾在没有天皇命令的情况下,自行调动驻扎朝鲜半岛的部队增援关东军。事后,面对侵占中国东北的既成事实,天皇却毫不介意自己统帅权被侵犯,反而乐见伪满洲国的成立。"卢沟桥事变"爆发后,裕仁起初同样深信军部提倡的所谓"对'支'一击论",直到陷入中国战场泥潭后,才在私下里讲过后悔的话。1940 年 10 月 12 日,昭和天皇的侍从小仓库次在自己日记中曾记下裕仁曾说过这样的话:"'支那'的强硬出乎意料,对事变的预测完全是错误的。"接着又批评陆军之前判断有误,以至于连他都产生误判。不久后,1941 年 1 月 9 日,小仓库次又记录过裕仁的另一段话:"日本轻视了'支那',应该尽快停止战争,奋发十年增强国力。"[32] 太平洋战争爆发后,目睹遭遇战局逐步恶化,裕仁还对侍从说过一番后见之明的"高见"来推卸自己的战争责任,诸如"我不想发动'支那事变',因为苏维埃令人畏惧""'支那'不会那么容易地被击败,不会像'九一八'那样"。

对天皇的这种暧昧、矛盾的态度，近卫文麿甚至在私人笔记中抱怨过：

> 听说那时东久迩宫对陛下还这么说过，陛下不应该只当批评家，认为不妥的话，就应该明确地表态。但陛下总是很少陈述自己的意见，回避明确表态，这是因为西园寺公和牧野等总是告诫陛下'要学习像英国宪法那样的运作方式，不要去主导国政'。但是日本的宪法却是以天皇亲政为前提的，这是与英国宪政的根本不同之处。特别是关于统帅权问题，政府全无发言权，能够掌控政府和统帅这二者的，只有陛下一人。但陛下采取的是被动消极的态度。平时还好，在战与和这种国家生死存亡的关头就产生了麻烦。[33]

然而只要战端一开，包括天皇在内的任何人都未必有能力阻止这一战争洪流，而日本扭曲的军政格局又会进一步加剧军国主义化、法西斯主义化。2019 年 8 月，日本放送协会（NHK）披露了一份有关昭和天皇的新史料即战后第一任宫内厅长官田岛道治的《拜谒记》，合计有 18 本之多。其中，记录了田岛与昭和天皇多达 613 次、超过 330 小时的交谈，而这些谈话记录大多没有被之前编辑出版的《昭和天皇实录》所收录。根据《拜谒记》的记载，昭和天皇在太平洋战争前之所以同意东条英机组阁，是因为"认为东条是唯一能够管住陆军的人"。这就如同是选择"纵火犯"来"灭火"一样，结局可想而知。

高呼"天皇万岁"的日本军人，便如此将自己的国家引向了一条实施"民族切腹"的不归路。而将日本引向这条不归路的人，却直到战争的最后时刻都还沉浸在实现军国主义的幻想中。1944年初，面对日益恶化的战局，已身兼首相、陆军大臣、军需大臣的东条英机，以实现"军令与军政一体化"为名出任参谋总长。上任之初，时任陆军航空兵器总局长官的远藤三郎中将拜访过身兼数职、权势熏天的东条英机。当时，东条对他说道："从现在起就是军政一体了，战争会越来越顺利的！"看着东条"单纯的喜悦表情"，远藤三郎却觉得战争的前景正变得愈加黯淡。[34]

本章文献注释:

1 升味准之辅著，郭洪茂译：《日本政治史》第三册，商务印书馆1997年版，第759页。

2 相关背景可参见拙作《"九一八"事变中苏联对日政策再解释》，《历史研究》，2010年第4期。

3 约瑟夫・C・格鲁著，沙青青译：《使日十年——1932—1942年美国驻日大使格鲁的日记及公私文件摘录》，社会科学文献出版社2020年版，第91页。

4 约瑟夫・C・格鲁著，沙青青译：《使日十年——1932—1942年美国驻日大使格鲁的日记及公私文件摘录》，社会科学文献出版社2020年版，第178页。

5 「太政官無号達　軍人勅諭」，請求番号：雑00738100，国立公文書館。

6 藤原彰著，张冬等译：《日本军事史》，解放军出版社2015年版，第43—44页。

7 户部良一著，韦平和、孙维珍译：《日本陆军史：近代化的异化》，社会科学文献出版社2016年版，第66页。

8 伊藤博文『帝国憲法義解』、国家学会、1889年、18—19页。

9 泷井一博著，张晓明、魏敏、周娜译，《伊藤博文》，江苏人民出版社

2021 年版，第 179—181 页。

10 筒井清忠『昭和十年代の陸軍と政治―軍部大臣現役武官制の虚像と実像』、岩波書店、2008 年，301—302 頁。

11 依田憙家著、雷慧英、卞立强等译校：《近代日本的历史问题》，上海远东出版社 2003 年版，第 182 页。

12 户部良一著，韦平和、孙维珍译：《日本陆军史：近代化的异化》，社会科学文献出版社 2016 年版，第 73 页。

13 筒井清忠『昭和十年代の陸軍と政治―軍部大臣現役武官制の虚像と実像』、岩波書店、2008 年，99—100 頁。

14 纐纈厚著，顾令仪、马彪等译校：《近代日本政军关系研究——日本发动侵华战争的历史渊源》，社会科学文献出版社 2012 年版，第 251 页。

15 纐纈厚著，顾令仪、马彪等译校：《近代日本政军关系研究——日本发动侵华战争的历史渊源》，社会科学文献出版社 2012 年版，第 251—253 页。

26 近衞文麿『失はれし政治―近衞文麿公の手記』、朝日新聞社、1946 年、43 頁。

17 「支那事変　臨命巻 1　第 400 號〜408 號」，請求番號：C14060925000，防衛省防衛研究所。

18 宮内庁『昭和天皇実録　第七』、東

19 近衞文麿『平和への努力：近衞文麿手記』、日本電報通信社、1946 年、15—16 頁。

20 宮内庁『昭和天皇実録　第七』、東京書籍、2016 年、370 頁。

21 石射猪太郎『石射猪太郎日記』中央公論社、1993 年，542 頁。

22 重光葵『昭和の動乱』、中央公論新社、1952 年、171—172 頁

13 近衞文麿『失はれし政治―近衞文麿公の手記』、朝日新聞社、1946 年、79 頁。

24 约瑟夫・C. 格鲁著，沙青青译：《使日十年——1932—1942 年美国驻日大使格鲁的日记及公私文件摘录》，社会科学文献出版社 2020 年版，第 227 页。

25 近衞文麿『失はれし政治―近衞文麿公の手記』、朝日新聞社、1946 年、86 頁。

26 相关研究可参考笠原十九司『海軍の日中戦争：アジア太平洋戦争への自滅のシナリオ』、平凡社、2015 年。

27 《总顾问演讲纪要》（1938 年 3 月 3 日），《德国军事总顾问法肯豪森演讲纪要（上）》，《民国档案》，2005 年第 1 期。

28 转引自依田憙家著、雷慧英、卞立强等译校：《近代日本的历史问题》，上海远东出版社 2003 年版，第

177 页。

29 石原莞尔著,郭介懿译:《最终战争论·战争史大观》,中国台湾,广场出版 2013 年版,第 92—94 页。

30 石原莞尔著,郭介懿译:《最终战争论·战争史大观》,中国台湾,广场出版 2013 年版,第 96 页。

31 约瑟夫·C. 格鲁著,沙青青译:《使日十年——1932—1942 年美国驻日大使格鲁的日记及公私文件摘录》,社会科学文献出版社 2020 年版,第 187 页。

32 转引自纐纈厚著,申荷丽译:《何谓中日战争?》,商务印书馆 2012 年版,第 1—2 页。

33 近衞文麿『失はれし政治—近衞文麿公の手記』、朝日新聞社、1946 年、130—131 頁。

34 保阪正康著,冯玮、陆旭译:《昭和时代见证录(1926—1989):不可忘却的见证者》,东方出版中心 2008 年版,第 292—293 页。

第五章

"支那通"的历史宿命

　　我在上海的法国租界访问章太炎先生的时候，在悬挂着剥制的鳄鱼皮的书房里，探讨中日关系。那时先生讲述的话语，至今仍在我的耳边——"我最讨厌的日本人是讨伐鬼之岛的桃太郎①。对于喜欢桃太郎的日本国民，也不能不多少有些反感。"先生的确是位贤人。我时常听到外国人嘲笑山县公爵，赞扬葛饰北斋，痛骂涩泽子爵。但是，还从没有听到过任何日本通，像我们的章太炎先生这样一箭射向自桃而生的桃

---

① 在日本家喻户晓的民间传说，大致讲述从桃子里出生的男孩——桃太郎，联合各类动物伙伴一起前往鬼岛杀死邪鬼的故事。在与芥川龙之介的交谈中，章太炎实际上是用桃太郎的故事来隐喻日本对外的侵略政策。芥川对此心知肚明，甚至在 1924 年写过一篇题为《桃太郎》的短篇小说，将桃太郎描述为去鬼岛滥杀无辜、抢劫财富的恶徒。在芥川的故事里，所谓的"鬼在热带风景里弹着琴，跳着舞，咏唱着古代诗人的诗歌，过得舒舒服服"，而"桃太郎对这些无罪的鬼施加了日本开国以来最可怕的打击"。

太郎。且先生的这支箭比起所有日本通的雄辩来，包含的真理要多得多。[1]

——芥川龙之介，《偏颇之间》

1937 年 12 月 13 日上午，日军第 16 师团的右翼先锋第 30 旅团占领下关，接着又攻取了南京城北门各处，切断了城内中国守军的退路。虽然中国军队败局已定，但第 30 旅团在"扫荡"过程中注意到城内守军抵抗意识强烈。[2] 最终，该部队由和平门入城，数千名放下武器的中国军人陆续投降，之前因遭遇激烈抵抗而杀红了眼的日军士兵却开始残忍地杀戮俘虏；而军官们非但未阻止，反而纵容乃至鼓励着暴行。

第 30 旅团长佐佐木到一这样回忆当时的情形："想到战友的牺牲和战斗的艰辛，不仅士兵们，大家都想呼喊：'大家一起干吧!'"

暴行

1937 年 12 月 13 日这一天，佐佐木到一的部队不接受任何"俘虏"，对停止抵抗的残兵败将依旧进行"扫荡"，据说仅此一天就"解决"了 2 万人以上。[3]当天下午 2 点前后，佐佐木的部队结束了对所有中国残兵的"扫荡"。这位曾在中国当过武官、在日本陆军有"支那通"称号的陆军少将站在南京城头上曾有过这么一番感慨：

> 实际上我于明治四十四年弱冠以来，以解决"满洲问题"为目标，暗地里一直对国民党怀有敬意，然而由于他们的容共政策，特别是蒋介石依附英美的政策导致与日本绝交，我的梦想也随之破灭。在排日侮日的高潮时饱尝不快，担忧着皇军的前途，我愤然离开此地，昭和四年的夏天里的回忆不断浮现在我的眼前……

> "等着瞧吧！"这不是单单出于私愤，背信弃义的人日后必遭天谴，这一点从那时起成为我坚定的信念。长眠于紫金山中腹的孙文倘若在天有灵，想必也会悔恨而泣吧。[4]

1937 年 12 月 21 日，佐佐木到一兼任城内肃清和宣抚委员长，为了抓捕消灭所谓"中国便衣"，手段异常残酷。同样来自第 16 师团的日军士兵东史郎曾在自己的日记中写道："由于语言不通的缘故，不知有多少良民被当作化装的敌人或有坏心的居民死在我们的手下。"[5]

这时离佐佐木第一次踏上中国土地已经过去了 31 年之久。

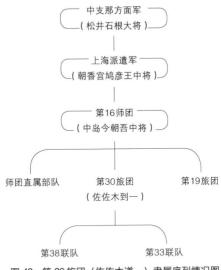

图 48　第 30 旅团（佐佐木道一）隶属序列情况图

思想轨迹

佐佐木到一出生于日本爱媛县，后随父亲移居山口县。他与中国的"孽缘"始于 1906 年派驻中国东北期间。当时，他作为第 5 师团的一员以"关东军"的名义驻扎旅顺。① 1914 年，此前落榜三次的佐佐木到一终于考入日本陆军大学并选择学习汉语。

---

① 日俄战争后，日本获得了辽东半岛南部关东州的租借权并开始在当地驻军。这便是所谓"关东军"的由来。驻防关东州的部队每两年轮换一次，兵力以一个师团为限。"九一八事变"后，关东军的编制开始大幅度扩大，至 1941 年到达顶峰，数量为 70 万人。

图49　佐佐木到一（1886—1955）

佐佐木到一，摄于1935年3月晋升少将之时。

资料来源：佐々木到一「ある軍人の自伝」、普通社、1963年。

至于为什么会选择汉语，佐佐木曾这样解释道："因为知道自己成绩并不很好，所以下定决心不管别人怎么说都要去'支那'。"[6]在当时的陆军大学里，研究中国并不是一流顶尖人才的成长道路。一流人才大多倾向学习研究欧美军事，只有二流人物才会来研究中国。所以，佐佐木到一非常识相地认为自己该去钻研符合自己在校成绩的汉语，也就在此时开始萌发了要当所谓"支那通"的目标。1917年自陆大毕业后，佐佐木到一如愿获得了青岛守备军陆军部的差事。这期间，他开始深入中国内地，收集各类情报资料。1919年，调任浦岩派遣军，参与出兵西伯利亚的军事行动。①1922—1924年间，又作为武官常驻广州，与包括孙中山在内的国民党高层要

---

① 1918—1922年，协约国曾武装干涉西伯利亚，协助苏俄境内的反布尔什维克势力。各国中，日本出兵最多，总兵力达到7万之多。起初，日本军方希望通过武装干涉将西伯利亚从俄国分离出去，使之成为日俄之间的缓冲地带。后因财政负担过大，日本不得不在1922年6月单方面宣布结束武装干涉行动。

人多有接触，甚至跟初出茅庐的蒋介石打过交道。他曾一度醉心于孙中山领导的国民革命，对之有过巨大共鸣。因此他在日本军内也被视为名副其实的"支那通"。

实际上，与之有类似经历且熟悉中国情况的"支那通"在日军内部并不少。本庄繁、松井石根、板垣征四郎、冈村宁次、矶谷廉介、土肥原贤二、影佐祯昭、根本博、田中隆介、铃木贞一等皆属此类。对中国人来说，这些名字都非常熟悉或曰臭名昭著。他们要么是曾作为武官、驻屯军人员或特务机关负责人常驻中国，要么就是曾以顾问身份担任过中国某派势力的"幕僚"。尽管他们熟悉中国党政大事与民风社情，最终却又几乎无一例外地成为侵华战争的急先锋，身体力行地将日本推进了全面侵华的深渊。

早年的佐佐木到一将孙中山领导的国民党视为"支那之曙光"，推崇孙中山的兴亚主义，认为他是"忧国的志士""拥有远大的抱负但却没有个人野心的人"。为此，即便遭到军中同僚的嘲笑与轻蔑，他亦在所不惜地反辩称："我从我自己的信念出发，甘愿承受'吹捧'孙中山的诽谤。"[7]然而，孙中山去世后尤其是北伐之后，佐佐木对中国革命、国民党乃至整个中华民族的观感却陡然发生了逆转。佐佐木到一在写给日本军政当局的秘密情报报告书《国民党的将来》中曾预测，"……孙中山去世后，国民党破坏力也许将更加难以控制"，表现出对国民革命中反帝尤其是反日倾向的担忧。

之后几年里，他又经历了所谓"南京事件""济南事件"等

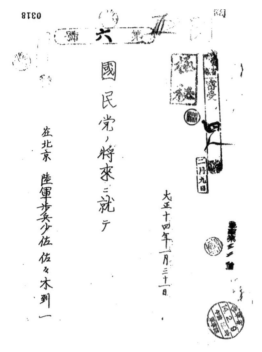

图 50 《国民党的未来》

资料来源:「密大日記　大正 14 年　6 冊の内第 5 冊　国民党の将来に就て」,請求番号: C03022726800,防衛省防衛研究所。

风波,亲眼目睹了中国民族主义与日本在华势力之间的激烈冲突。因为日本侵略政策不断升级,中国军队与百姓的反日情绪随之高涨。而佐佐木这类"支那通"却几乎没有反省日本自身的原因,反而认为这是中国国内政治宣传煽动的结果,甚至指出:"从被卑劣之极的宣传所迷惑、操纵的'支那'所得到的,除了愤懑之外什么也没有……不幸的是,我还不得不承受了排日的

'支那'加于我的许多极为不快的经历……为'支那人'考虑的人必然会成为被利用的牺牲品。"[8]

值得一提的是，多年后冈村宁次曾这样概括佐佐木到一这批"支那通"的想法："日本的'支那通'对中国人的态度或看法，基本上分为两类：其一，认为考虑到中国人的性格，以诚相见未免愚蠢，应根据利害关系加以斟酌，审慎对待。其二，认为只要确实以诚相待，中国人也会对我信赖，并且乐于共事。"虽然，冈村大言不惭地表示"我本人则属于后者。从我壮年时代以来的经历，即可证明这点"，但是，他本人在侵华战争中的种种行径恰恰是在践行前者的信条。[9]

除了震惊于中国国内反日、抗日的风起云涌外，当时佐佐木又转而指责这是中国革命正在堕落的表现，并将之归咎于"支那"的民族性，进而认为"无论是'支那'的民族性、家族制度还是国家制度中，都无限蕴含着促进这种堕落的要素"。无论是"容共"，还是倒向英美，皆是这种"堕落"的明证。又例如在《我是这样看'支那'的》一书中，佐佐木讲述自己对中国与国民党的观感，认为孙中山之后国民党业已"腐败堕落"，指责蒋介石"打着国家的旗号，实际上以私党出卖国利民福谋取私利，只是标榜国家统一而已"[10]。在他看来，国民党虽然提倡反帝国主义、恢复国家主权，但是"以为只有攘夷是民族革命的唯一手段就大错特错了。只要不将退一步修身治内作为第一要事，就是忘了正视自己并没有资格要求废除所谓不平等条约的这副模样"，"国民党采取容共政策使得苏联和共产党都扎根下来，危害了国家统一；依附英美则是出卖国家主权，加快了殖民地化。这种愚蠢在不断重复着"。[11]

佐佐木到一的这类言论在当时"支那通"的群体中相当普遍，例如同样曾在广州当过武官的矶谷廉介。日本同盟通讯社上海分社社长松本重治就曾亲耳听过矶谷对国民政府和蒋介石的评价：

> 当时正逢蒋介石创立黄埔军校，他亲眼看到蒋介石受到鲍罗廷的影响。尽管蒋介石曾经有过"剿匪"的历史，但矶谷武官认为这只不过是同伴之间的权力斗争，他甚至感觉到蒋介石总有一天会与反帝的中国共产党及苏联联手。因此，无论蒋介石如何高唱对日亲善，在矶谷武官看来，这只不过是暂时为争取时间所作的欺骗，他坚信只有采取一切手段削弱蒋介石在党政军的实力，才对日本有利。[12]

而在给国内高层的正式报告中，矶谷廉介同样直率地表达了类似的意见，甚至指责当时日本驻华外交官手段过于柔软并未认识到当时中国国内民族主义思潮的"严重程度"：

> 南京政权的中心当然是蒋介石。其他的要人，比如汪兆铭等被称为亲日派的人，充其量不过是作为对日缓冲机关而设置的"傀儡"而已。这些人或者口头喊着亲日，或者也许是发自真心但却没有实现之力，只能唯蒋介石马首是瞻，而且暗地里被蒋介石的秘密机关严密监视着。现在日本的外交

官接触的正是这些对日缓冲机关，要根据他们的言行来理解中国、制定对华政策，当然是欠妥的。[13]

"满蒙是生命线"

日俄战争后，所谓"满蒙是日本生命线"的认知已经成为日本军部的主流看法，详细完备的相关情报自然是不可或缺的。与"支那通"冈村宁次、皇道派核心小畑敏四郎一同被称为"陆军三羽鸟"的永田铁山，在 20 世纪 20 年代就曾系统调查过日本所缺乏军需战略物资与中国资源之间的关联。在整理大量战略情报后，他提出"必须从资源丰富且近邻的中国获得资源"。永田铁山曾担任过参谋本部第二部长、陆军省军务局长等要职，其观点很快就被军部尤其是统制派将官奉为"指导原则"。在永田看来，唯有真正建立"自给自足的国防体系"才能保证日本不受英美掣肘，拥有所谓"国防自主权"。于是，为了能够建立"自给自足体系"，转而对中国采取军事手段也就在所不惜了。"皇姑屯事件""九一八事变"以及接踵而来的华北分裂活动，便是永田铁山这种思想顺理成章的产物。[14]

在此过程中，活跃在对华军事行动的第一线者几乎都是所谓"支那通"军人。例如佐佐木到一便在回忆录中宣称曾写信劝告河本大作"要乘此机会一举将张作霖除掉"。而"九一八事变"的幕后主谋石原莞尔虽不能算是严格意义上的"支那通"，但却

图 51　矶谷廉介（1886—1967）

1904 年，出身兵库县的矶谷廉介自陆军士官学校毕业，与他同期的有板垣征四郎、土肥原贤二以及冈村宁次。1915 年与他一同从陆军大学毕业的则有东条英机。作为"支那通"曾常驻广东政府任武官。之后，则成为推动侵华政策的急先锋。"卢沟桥事变"后，指挥第 10 师团参加了台儿庄会战。1938 年转任关东军参谋长，后因诺门坎战役惨败而被撤职。1942 年又被任命为香港总督直至战争结束。战后，作为战犯被判处终身监禁。1952 年却提前获释。

秉承着与之类似的中国认知。他非常清楚当时中日矛盾若要和平解决，那日本就必须在政治、军事上全面从中国大陆撤退。然而，他又担心苏联势力会乘机南下，从而"造成东洋新的不稳定局势"，威胁日本在东亚的利益；而他一手参与构建的伪满洲国，便可以成为抵挡苏联势力南下的"防波堤"与"资源库"。1932 年 12 月，佐佐木到一调任关东军司令部，成为所谓"满洲国"军政部顾问。两年后，又接任他的"支那通"前辈板垣征四郎，成为伪满洲国的最高军事顾问。

佐佐木曾在一次名为《从国防的角度当如何看待'支那'》的演讲中非常露骨地讲道：

日本想要打长期战争的话，中国以及满蒙的资源无论如何都是必要的。要获得这些资源，是采用武力枪夺呢，还是和平进口呢？这两种办法中，后一种方法，当然是我们希望的，不过，遗憾的是，最终不用武力来施加压力的话，

暴走军国：近代日本的战争记忆

还是无法获得所需要的资源吧。原因不仅仅在于中国的对日感情在恶化，也因为中国要复兴、独立的自尊心越高，就越轻视日本，另外还会利用欧美各国对日牵制。

中国正在无视现实，盲目地以恢复国家主权为目标迅猛前进着。他们忘记了自己国家的内情和现实，妄想成为大国。作为日本，虽然应该对中国国家主权的恢复表示精神上的同情，但是却不能无视现实，将所有的既得权益全部扔掉。因此，一旦有事，就不得不用武力来夺取中国的资源，然而这未必是很容易的。因为中国简直就像一条蚯蚓一样，就算将其斩断也不会死掉。[15]

另一方面，早期石原莞尔与永田、佐佐木等人的观点类似，例如石原也会强调河北、山西等地煤矿资源对日本的重要性。不过自 1935 年后，石原的观点开始发生转变。在 1936 年 6 月制定的《国防国策大纲》中，石原认为"对华政治活动"不应影响当前与英美之间的外交关系。之后，石原在参谋本部内部发表过自己的见解："在华北避免发生无益的纠纷。"[16] 如小矶国昭所主张的那样，"巩固'满洲国'才是最重要的"[17]。石原之所以要求不要在华北制造事端的根本原因是希望集中日本有限的国力、军力用于占领和经营"满洲国"。

"九一八事变"后，如矶谷廉介、土肥原贤二这样的"支那通"军人在看待、处理中国问题时，也都均以维系伪满洲国，保证日本势力继续实际占领中国东北地区为根本出发点。为保障这个目标，他们的基本对华政策就变成了"不断弱化南京中央政府"的统治。松本重治清楚记得矶谷、土肥原曾把当时日本外务省提出的所谓"日中合作论"贬斥为"长江意识"，要求以强硬态度来保障日本在"满洲国"的权益。1936年，松本自己去长春时也曾被揶揄道，"松本君也是长江意识形态哦"。

对此，松本重治有自己的观察，认为：

> 石原莞尔只是代表了从"满洲事变"至"满洲国"建国期间的基本构想，但对于中国整体的认知以及对策，能在理论上构筑体系的，日本陆军中却一个人也没有。如果非要找出与此相近的一、二个人的话，或许可以举出鹰派的矶谷、土肥原两人了。但是在这两位仁兄的中国观里，对于中国民族主义及蒋介石的可能性所做的判断，我认为是有基本缺陷的，而日本的悲剧正是从这里酿成的。[18]

侵华急先锋

"西安事变"后，目睹中国国内的风云突变。当时"支那课"课长永津佐比重曾提出应重新检讨日本的对华政策，认为如果希望国民政府承认伪满洲国，日本就必须放弃除中国东北以外所有地区的租界、居留地、治外法权、军队驻屯权等特权。然而，永津认为无论是日本军方、日本工商业，又或是国内舆论都不会认可这种放弃既得利益来交换"满洲"的政策。在"卢沟桥事变"

前夕，"支那课"课长永津与陆军省军务课长柴山兼四郎曾前往中国考察，对当时中国国内的抗日热情感到担忧。与之相对，时任参谋本部作战部长石原莞尔却不信任"支那课"，而几乎从不与永津直接交谈，对不听从他指示，强行在华北和内蒙古地区制造事端的"支那通"军官群体表达出毫不掩饰的不信任感。而在日本陆军内部，对中国持最激进、最强硬侵略态度者却大多是所谓"支那通"。

曾在此起彼伏的抗日浪潮中饱尝各种不快的"支那通"代表人物佐佐木到一，最终在 1929 年愤然离开南京回国。整整八年后，他挥着军刀重返了中山陵旁的这座古都。此时，佐佐木到一对中国的评价与日本主流社会所谓"讨伐暴支"的狂热论调几无差异，甚至有过之而不及。1937 年 7 月 17 日的《东京日日新闻》在社论中写道："'支那'的不诚实，在十几年中一再被验证……日本行动之目的是东洋的和平，而唯有依靠实力才有可能实现之。"[19]佐佐木回忆起之前曾在"济南事件"中遭到中国"暴兵暴民"骚扰的经历后，便以更为激进的言论来号召"惩罚中国"：

> 吾辈同胞必须把这一点作为"支那民族"残忍的一面牢记在心。我认为必须刻骨铭心地认识到将来只要有机会这一切必将重演。他们如果认为对方比自己软弱，就夜郎自大、气势汹汹，这种心理，恐怕了解"支那"的日本人都知道。如果再煽动一下的话，就不知道将会发展成怎样的残暴的行为了。[20]

在彼时不少日本军政人物的理念中，之所以指责中国"不诚实"与"背信弃义"，便是在于他们一厢情愿地认为只要曾同情或支持过中国革命，那么中国在重建民族国家的过程中就理应给予日本特殊待遇。然而，试图从"半殖民地"状态挣脱出来的中国，绝无可能将日本视为例外。于是乎，任何有损日本利益的中国民族主义运动，皆会被他们理所当然地视为"背叛"。如大川周明之类的军国主义理论家，便热衷于批判国民政府总试图将英美势力引入中日之间。又如北一辉虽从未主张侵华，然而却歌颂日本近代以来对外发动的战争"不单单是为了私欲私利，而是为了促进其他民族的积极觉醒，赶走占有者、侵略者，打破现状，并视其为正义"[21]。淞沪会战打响后，出身参谋本部"支那课"的松井石根被任命为上海派遣军司令官。而他本人便是这种扭曲心理的典型代表之一。

这位早年信奉所谓"亚细亚主义"、自称是孙文信徒的日本陆军"支那通"在"卢沟桥事变"爆发后曾异常兴奋地联络日本军政界各方高层人士，推销"一举推翻南京政府"的论调，要求扩大作战范围乃至一举占领南京，迫使中国政府屈服，彻底扑灭中国国内高涨的民族主义诉求，巩固日本在华的既得权益。[22]领命前往上海前，他在日记中甚至抱怨近卫文麿首相"赞否不明言"，又对坚持不扩大立场的石原莞尔感到"殊为遗憾"。[23]抵沪后，曾找旧识、记者松本重治谈话，希望通过他来了解上海各界的情况。

然而，松本却告诫他："中国已经不再一味依赖'以夷制夷'

那样的政策了。保卫国家的急切感情振奋了士气。你也知道，中国最近一二年时间里发生了根本变化，因此，绝对不可轻视。"

松井石根的回答不置可否："如今我也这么想。看到对登陆作战的顽强抵抗，也会知道这一点。"

紧接着，松本重治问了一个非常关键的问题，即这位"支那通"出身的总司令官究竟打算把战争扩大到怎么样的程度。于是，这位记者先用当年日俄战争时期的一段轶事引出话题："曾听到这样的传说，大山元帅担任'满洲军'总司令官，从（东京）新桥车站出发的时候，回头对海军大臣山本权兵卫说，'战争我可以打，但希望到时候能给我一个停止战争的暗示'。"

话到此处，松本终于抛出了问题："阁下，不，松井君，作为上海派遣军司令官，你是否考虑过怎样收兵这个问题？这不是想打听军令机密。我想你是'支那通'，心中早有什么打算吧？"

松井显然不愿意正面回答，环顾左右而言他："我一直很钦佩大山元帅当时的想法，在回答你的问题以前，先请你说说，你已经在上海观察了五年之久，从你的角度看，如何做才好？应该怎样做的，请给我提供一些参考意见。"

于是，松本重治非常坦率地说道：

　　我说说我的想法，主要是两点。第一点，如果占领南京，日中战争将成为全面战争。中国方面有决心打长期战争。日本方面想尽量避免那样的情况，想通过一次打击后再谈判。这种设想，从上海派遣军的名称就可以明白。然而事情不会那么简单，所以，在去南京前停战是上策。这一方略，恕我失礼，我想没有松井办不到，也只有松井先生能够做到。第二点，毫无疑问，无论如何不能损害第三国利益，而且应该绝对避免同第三国的武力摩擦。我想，最重要的就是这两点。[24]

作为驻华多年的记者，松本直言不讳地发表了这些意见。直到此时，松井石根才透露了自己的真实想法——"一定要进攻南京"：

对我太过奖了。关于你的话，第二点我完全有同感。这也希望得到你的协助。关于第一点，我也不是没考虑过，但是战争是和对方交手，未必按我方的计划进展，而且一旦动用军队，大势所趋，恐怕要终止战争不那么容易吧。不过正如松本君所说的，作为上策，是不去南京而能收兵。对此，我日夜苦思苦想。这事千万不能外传。[25]

众所周知，日军不仅攻陷了南京，还把侵略的战火烧遍了大半个中国，而急先锋都是这群"支那通"。

缩影

1823 年，江户幕府末期的思想家佐藤信渊在《宇内混同秘策》中曾惊世骇俗地提出日本应该"征服满洲"，甚至"将中国纳入日本的版图"。不过，佐藤临终前却改变了自己的想法，认为只有中日团结才能够抵御西方势力的侵略，继而抛出了"存支攘夷论"："力主保全、强化'支那'，挫败英国，抑制西洋各国对东亚的侵略。"佐藤信渊前后两种截然相反的论调日后竟成为此后日本对华政策的两极，以至于百年间日本始终纠缠徘徊于这个"利"与"义"如何抉择的困局。

在此期间，日本对外政策往往混合着功利主义、"脱亚论"、"亚细亚主义"等各类截然不同的思潮。一方面日本将西方文明视为学习的楷模，另一方面却又把西方看作贪得无厌的殖民强盗。一方面日本不惜追随强盗的步伐，另一方面日本又把自己看作亚细亚民族之"王道"反抗西方世界之"霸道"的必然领袖。对华态度上，这一系列思潮碰撞下的矛盾贯穿始终。对相当多日后成长为"支那通"的日本军人来说，这亦是他们中国观逐渐养成过程中非常重要的思

图 52　松井石根（1878—1948）

出生于名古屋市，父亲原是尾张藩的武士。在陆军大学就读期间，曾中断学业参与日俄战争，之后仍以第一名毕业。1915 年派驻上海任武官，后赴哈尔滨负责特务机关。早年曾自称是孙中山"大亚洲主义"的追随者。1925 年升任参谋本部第二部部长，两年后晋中将。1933 年晋升大将，后转为预备役。1937 年 8 月从预备役复出，担任上海派遣军总司令，后任"华中方面军"总司令。侵占南京期间，纵容部下实施南京大屠杀。战后被作为甲级战犯起诉，1948 年 12 月被送上绞刑架。南京大屠杀发生后，一直有种说法认为真正的罪魁祸首是实际负责进攻南京的朝香宫鸠彦王，而其因为皇族身份躲过了审判。松本重治曾在日军攻陷南京后举行的"阵亡士兵慰灵式"上目睹松井石根当面训斥朝香宫鸠彦王等高级将领："你们给我干了些什么事情？作为'皇军'能做这样的事情吗？"

想背景。若从此背景出发，也就不难理解"支那通"军人思想转变的关键要素究竟是什么。这种矛盾不仅存在于日本陆军的"支那通"身上，同样能在不少近代以来研究中国文化的日本学者身上找到，例如知名的中国文学研究者——竹内好①。

日军偷袭珍珠港后，竹内好甚至一厢情愿地认为太平洋战争可以给予日本发动"支那事变"的合法性，号召"我们要驱逐那些似是而非的'支那通'、'支那学者'、没有操守的'支那放浪者'，为'日支'万年的共荣而献身"²⁶。同时，他还认为为了彰显"大东亚战争"有如"圣战"般的伟大意义，中国是可以被牺牲的：

> 我们为这样的迂腐而羞愧。我们埋没了圣战的意义。我们一直在怀疑，我们日本是否是在东亚建设的美名之下而欺凌弱小呢?! 在东亚建立新秩序、民族解放的真正意义，在今天已经转换成为我们刻骨铭心的决意。这是任何人也无法改变的决意。我们与我们的日本国同为一体。看哪，一旦战事展开，那堂堂的布阵，雄伟的规模，不正是促使懦夫不得不肃然起敬的气概吗? 这样看来，在这一变革世界史的壮举之前，"支那事变"作为一个牺牲不是无法忍受的事情。如我们曾经经历过的那样，对于因"支那事变"感受到道义的

---

① 某种意义上，竹内好是日本鲁迅研究与毛泽东研究真正意义上的开创者。其思想与成果至今仍对日本学术界有着深远影响。

苛责，沉溺于这种女里女气的感受，从而忽略了前途大计，真是可怜的思想贫困者。[27]

此外，与竹内好这类的文人不同，日本陆军的"支那通"始终是身怀杀器的军人。日本帝京大学历史学教授户部良一曾如此评论这个诡异而特殊的群体："他们把握了真实的一半，却又无视另一半。或许可以说他们是为了完成肩负的任务，不得不无视之吧。"从实际业务角度而言，他们最基本的任务之一便是各类军事情报搜集。以武官为例，根据 1928 年日本陆军参谋本部制定的《谍报宣传勤务指针》，其明确指出："作为谍报工作的准备，最需要的是密切与情报来源的联系……尽可能与官方人物、一般实权人物或其他能够成为谍报来源的人，迅速而广泛深入地加深交往情谊，适时接近。此为要中之要。"[28]

"支那通"群体，可以说是近代以来日本对华态度的集大成者。他们早年多少怀有东亚民族独立自强的浪漫主义理想，却相信可以为达目的而不择手段。他们往往清楚地认识到中日之间长期积累的矛盾与症结，却又不甘心放弃日本既有的利益，转而希望采取更为极端的方式来"教训"中国。高举"义"旗，难舍私"利"。正是在这种自我赋予的神圣感中，无数日本人挥舞着凶器在一片刀光剑影之间试图完成"解放亚细亚""解放支那"的事业，却难以摆脱悲剧的历史宿命。用户部良一的话来总结便是"正因为太了解中国了"，所以如佐佐木到一这样的"支那通"最终意识到巩固、扩大日本在华利益的任务与中国近代化奋斗目标本就是一对不可调和的矛盾。

至于佐佐木到一本人，他在攻陷南京后晋升中将，转任第3独立混成旅团长、"北支那宪兵司令官"、第10师团长等职。太平洋战争爆发前夕被编入预备役，后在伪满洲国担任顾问。战争结束时被苏军俘获后引渡给中国政府。1955年病亡于抚顺战犯管理所。毋庸置疑，佐佐木到一是日本陆军"支那通"群体的典型代表。他的经历、言行的论述反映着"支那通"们彼时彼地的政治抉择。同时，也是近代以来日本对华政策失败的缩影。

本章文献注释：

1 译文摘自高慧勤、魏大海主编，揭侠、林少华、刘立善译：《芥川龙之介全集》（第4卷），山东文艺出版社2005年版，第117页。

2 「江蘇省南京市　十字街及興衛和平門及下關附近戰鬪詳報　第11号　自昭和12年12月12日至昭和12年12月13日　步兵第38連隊」，請求番号：C11111200400，防衛省防衛研究所。

3 户部良一著，金昌吉、诹访一幸、郑羽译：《日本陆军与中国："支那通"折射的梦想和挫折》，社会科学文献出版社2015年版，第253—254页。

4 转引自户部良一著，金昌吉、诹访一幸、郑羽译：《日本陆军与中国："支那通"折射的梦想和挫折》，社会科学文献出版社2015年版，第254页。

5 东史郎著：《东史郎日记》，江苏教育出版社1999年版，第210页。

6 转引自户部良一著，金昌吉、诹访一幸、郑羽译：《日本陆军与中国："支那通"折射的梦想和挫折》，社会科学文献出版社2015年版，第110页。

7 户部良一著，金昌吉、诹访一幸、郑羽译：《日本陆军与中国："支那通"折射的梦想和挫折》，社会科学文献出版社2015年版，第123—124页。

8 转引自户部良一著，金昌吉、诹访一幸、郑羽译：《日本陆军与中国："支那通"折射的梦想和挫折》，社会科学文献出版社2015年版，第

256 页。

9 稻叶正夫编、天津市政协编译委员会译：《冈村宁次回忆录》，中华书局 1981 年版，第 326 页。

10 转引自户部良一著，金昌吉、诹访一幸、郑羽译：《日本陆军与中国："支那通"折射的梦想和挫折》，社会科学文献出版社 2015 年版，第 255 页。

11 转引自户部良一著，金昌吉、诹访一幸、郑羽译：《日本陆军与中国："支那通"折射的梦想和挫折》，社会科学文献出版社 2015 年版，第 255—256 页。

12 松本重治著，曹振威、沈中崎等译：《上海时代》，上海书店出版社 2005 年版，第 214 页。

13 转引自户部良一著，金昌吉、诹访一幸、郑羽译：《日本陆军与中国："支那通"折射的梦想和挫折》，社会科学文献出版社 2015 年版，第 210 页。

14 川田稔著，韦平和译：《日本陆军的轨迹（1931—1945）：永田铁山的构想及其支脉》，社会科学文献出版社 2015 年版，第 149 页。

15 转引自户部良一著，金昌吉、诹访一幸、郑羽译：《日本陆军与中国："支那通"折射的梦想和挫折》，社会科学文献出版社 2015 年版，第 178—179 页。

16 川田稔著，韦平和译：《日本陆军的轨迹（1931—1945）：永田铁山的构想及其支脉》，社会科学文献出版社 2015 年版，第 151 页。

17 松本重治著，曹振威、沈中崎等译：《上海时代》，上海书店出版社 2005 年版，第 118 页。

18 松本重治著，曹振威、沈中崎等译：《上海时代》，上海书店出版社 2005 年版，第 217 页。

19 前坂俊之著、晏英译：《太平洋战争与日本新闻》，新星出版社 2015 年版，第 214 页。

20 转引自户部良一著，金昌吉、诹访一幸、郑羽译：《日本陆军与中国："支那通"折射的梦想和挫折》，社会科学文献出版社 2015 年版，第 256—257 页。

21 转引自户部良一著，金昌吉、诹访一幸、郑羽译：《日本陆军与中国："支那通"折射的梦想和挫折》，社会科学文献出版社 2015 年版，第 210 页。

22 王屏著：《近代日本的亚细亚主义》，商务印书馆 2004 年版，第 271—274 页。

23 关于松井石根战争罪行责任的研究可参考程兆奇：《松井石根战争责任的再检讨——东京审判有关南京暴行罪被告方证词检证之一》，《近代史研究》，2008 年第 6 期。

24 松本重治著，曹振威、沈中崎等译：《上海时代》，上海书店出版社 2005

年版，第 587—588 页。

25 松本重治著，曹振威、沈中崎等译：《上海时代》，上海书店出版社 2005 年版，第 588 页。

26《大东亚战争与吾等的绝意》，竹内好著，孙歌编，李东冰、赵京华、孙歌译：《近代的超克》，生活·读书·新知三联书店 2004 年版，第 167—168 页。

27《大东亚战争与吾等的绝意》，竹内好著，孙歌编，李东冰、赵京华、孙歌译：《近代的超克》，生活·读书·新知三联书店 2004 年版，第 166—167 页。

28 许金生著：《近代日本对华军事谍报体系研究：1868—1937》，复旦大学出版社 2015 年版，第 325 页。

第六章

"白团": 游荡的军国幽灵

　　我第二次出征的时候，在浙江省宁波市迎来了日本战败投降。我带领部下把我们独立大队的武器弹药装上八艘帆船运往上海。当时，一位尉官以上的中国军官对我说："南京交战时，我在下关码头遭到日军集体屠杀，因躺在战友们的尸体下装死而死里逃生。夜里悄悄地逃脱出来后与可恨的日军拼命到今天。一想到当时的仇恨，东军曹！我恨不得把你杀掉扔进黄浦江！但是因为上面有令'要以德报怨'，所以今天放你一条生路。"[1]

——日本陆军第 16 师团士兵东史郎的回忆

1945 年 8 月 15 日上午 11 点前后，身为当时中国军政当局最高领导人的蒋介石在陪都重庆发表了《抗战胜利对全国军民及全世界人士广播演说》。在这篇 1700 余字的演讲中，蒋介石花了近 500 字的篇幅阐述了他战后对待军国主义日本的基本态度——"以德报怨"。

　　身为基督徒的蒋介石先从"待人如己"与"要爱敌人"两句话谈起，进而提出对日要"不念旧恶"，指出："并不要报复，更不可对敌国无辜人民加以污辱，我们只有对他们为他的纳粹军阀所愚弄，所驱迫而表示怜悯，使他们能自拔于错误与罪恶。要知道如果以暴行答复敌人从前的暴行，以污辱来答复他们从前错误的优越感，则冤冤相报，永无终止，决不是我们仁义之师的目的。这是我们每一个军民同胞今天所应该特别注意的。"2

"以德报怨"

尽管蒋介石胜利演讲的原文中，并未出现"以德报怨"这四个字，但结合演讲内涵及之后的相关政策，无论是中国国内还是日本方面皆以这四个字予以概括。以此为指导精神，国民政府在战后处理日本在华投降军队、居留民众遣返问题上，均尽可能地给予了配合与优待。在前后两年间，200 余万军民尽数平安回到日本。战后，日本前众议院议长滩尾弘吉就认为日本战后快速复兴的原因之一就是滞留中国的 200 余万军民能在短时间内遣返回国并成为了战后复兴的原动力。另一方面，蒋介石不主张废除天皇制，并希望保全日本的领土完整。在战争赔偿问题上，虽然在开罗会议上蒋介石曾提出战后日本应以工业设备、军事物质等实物来抵偿中国战争损失，但战后却也事实上放弃了战争赔偿要求。[3]

在蒋介石发表演说之前，所谓"支那派遣军"司令官冈村宁次依旧在思量战后的抉择。实际上就在几天前，他还曾经异想天开地策划将中国境内的日军全部集结于山东半岛而拥兵自立，再等待时局的最终变化。尽管从陆军大臣阿南惟几处得知日本准备无条件投降的消息，但在 8 月 14 日这天，他仍在给参谋总部的电报中表达坚持战争的要求，宣称：日本本土及中国境内的百万日军为维持"国体"可决一死战，要求将战争进行到底。[4]

8 月 15 日下午收听完"御音发送"后，冈村宁次的参谋小

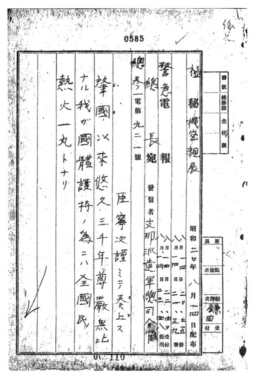

图53　8月14日冈村宁次发给参谋总部的电报

资料来源:「最高戦争指導会議に関する綴　其2　昭和20年4月16日～9月2日」，請求番号：C12120339100，防衛省防衛研究所。

笠原清将蒋介石上午的演讲翻译抄录完并送到了冈村宁次的办公桌上。蒋介石"以德报怨"的态度让冈村大感意外，读罢后自言自语道："这是对于日本的一大开导啊！"当时退役在家赋闲的石原莞尔在读到蒋介石讲话同样有类似的感慨，甚至认为这是他所谓"东方王道文化"的风范，进而凸显日本的战败不仅是军事上的失利，更是道德上的沦丧。

在感叹蒋介石宽容态度的同时，冈村宁次也第一次萌发了与国民党当局可以进行合作的念头。在第二天的日记中，冈村宁次如此写道：

> 我一直在思考，关于日中之间的关系，究竟该怎样发展下去才是最好？虽然我还没有一个明显的答案，不过我可以肯定地说，若是要振兴东亚，此时此刻除了寄望中国的强大与繁荣之外，别无他法。对没落的日本而言，这时候能给予中国协助的，大概就只有技术和经验了吧！至于接收等各方面的事宜，也都应当基于此原则，诚实无伪地移交方为正轨。[5]

抗战胜利后，蒋介石之所以在第一时间就提出对日宽大政策，除了思想理念上的考虑外，更多则是出于实际利益的权衡。抗战结束时，国民党军队主力远在西南西北，日本则主要盘踞在华北、华东。若要接收，则需费时调动。与之相较，中共根据地多在沦陷区，与日军在前线多有比邻，因此接收反而更便利。为了不让沦陷区内主要都市、战略要地被中共军队占领，蒋介石就需要投降日军的积极配合。从这个角度而言，所谓"以德报怨"的实质其实是"联日反共"。

冈村宁次对蒋介石"以德报怨"的讲话心领神会。8 月 18 日，他发表了《和平后对华处理纲要》，要求中国境内各地日军只接受国民党当局解除武装的命令，积极配合国民党当局的接收工作，并且要武力抵抗中共武装的接收。而蒋介石在给投降日军的要求中，也明确要求在国民党军队接收之前投降日军仍有代守之责。为此，业已投降日军与前来接收的中共部队时常发生大规模战斗。抗战胜利后短短半年，仅在华北一地，日军死伤、失踪就高达 9000 人。

1945 年 12 月 23 日，冈村宁次第一次见到了蒋介石。双方虽然仅交谈了 15 分钟，但蒋介石再一次提到双方相互提携的话题，他曾对冈村说："中日两国应当基于孙文先生的遗志，建立相互提携的坚固关系，这是相当紧要的。"1946 年 3 月，蒋介石在召见中国驻日盟国对日管制委员会代表朱世明时，第一次确认他对日本持"以德报怨"的政策。之后，这四个字也就正式成为国民党当局战后的对日方针。同年 5 月 13

图 54　冈村宁次（1884—1966）

日本陆军所谓"支那通"的代表人物之一。1913 年从陆军大学毕业后，曾派驻北京长达六年。之后，与土肥原贤二等人赴欧洲考察军事。其间，与永田铁山、东条英机、山下奉文等当年的青年军官结识，共同主张日本应建立军部主导的国家体制，尽早解决所谓"满蒙问题"。为此，冈村与众人一道缔结了所谓"巴登巴登密约"（因聚会地点为德国疗养地巴登巴登，故得名）。"济南事件"时，曾率兵在青岛登陆。1932 年"一·二八抗战"打响后，任上海派遣军副参谋长，后转任关东军副参谋长。"卢沟桥事件"爆发后，先后任第 2 师团师团长、第 11 军司令官、华北派遣军司令官、第 6 方面军司令直至所谓"支那派遣军"司令。侵华期间，几乎参与、组织、指挥了正面战场的各大主要会战，也曾在华北地区实施臭名昭著的"三光作战"（日语称"烬灭（见下页）

（接上页）作戦"）。日本投降后，冈村以"联络班长"的名义被国民党当局软禁。其间，除负责日军遣返工作外，还为国民党内战出谋划策。1949年1月被无罪释放。返日后，曾为国民党当局招募旧日军军官以组织军事顾问团。

日，"知恩图报"的冈村宁次写了一篇名为《自敌阵观察所见的中国军队》的报告：

我从还是少佐的时候，便频繁前来中国，对于中国军队的内情可以说相当通晓。另外，在与中国军队不绝如缕的交战当中，我对中国军队的缺点也有着相当清楚的理解；因此，虽然是并不常见的请求，但请容我为了中国军队的改善，以毫无顾忌的方式，提出我的批判。[6]

五天后，他就将这份报告亲手交给了何应钦。当时冈村宁次一直担心自己被追究战犯责任，因此特别积极地向陷入内战泥潭的蒋介石"建言献策"以彰显自己在所谓"反共斗争"中的价值。当得知土肥原贤二、板垣征四郎伏法的消息后，冈村显得愈加不安。他在1947年11月25日的日记中写道：

我得知土肥原、板垣等人被判处死刑的消息。在我青年时代的同期毕业生

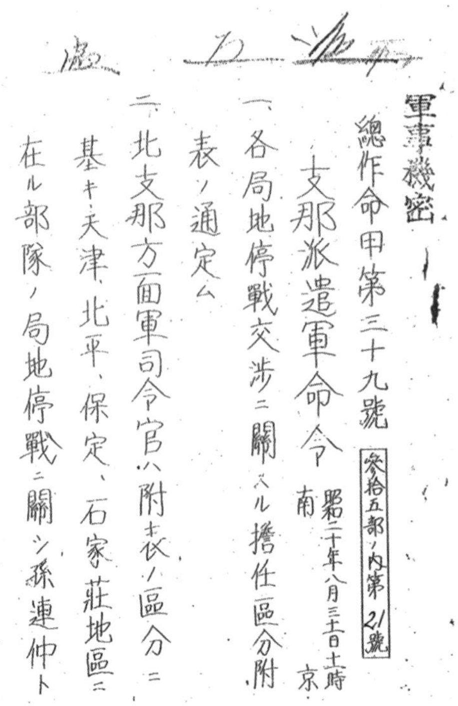

軍事機密

總作命甲第三十九號　參拾五部ノ内第21號

支那派遣軍命令　昭和二十年八月二十日十一時　南京

一、各局地停戰交渉ニ關スル擔任區分附表ノ通定ム

二、北支那方面軍司令官ハ附表ノ區分ニ基キ天津、北平、保定、石家莊地區ニ在ル部隊ノ局地停戰ニ關シ孫連仲ト

图 55　日本无条件投降后冈村宁次下达给中国各地日军的停战投降命令

资料来源：「作命及訓示綴　昭和 20 年 8 月 10 日～21 年 5 月 1 日」，請求番号：C13032030800，防衛省防衛研究所。

中，和我一样憧憬大陆、携手一路走来的同志盟友共有四人，其中土肥原、板垣被处死，矶谷和我则被囚禁于大陆的战犯监狱里，实在令人感慨万千。今天我和矶谷对坐，谈了谈自己的命运观。[7]

而蒋介石对冈村宁次的态度，大致总结便是"雷声大、雨点小"：表面上摆出要追究冈村宁次战犯罪责，实际上则以诸如"尚有遣返等任务必须完成"为由，想方设法拖延对他的审判。在冈村在日记中感叹"土肥原、板垣之死"三天后，南京政府国防部召开了会议商讨如何处置冈村。会上，时任陆军总司令部第二处（即情报处）处长、负责日本军民遣返事宜的曹士澄公开主张判冈村宁次无罪，提出："众所周知，冈村一向坚守反共立场，若是将他处以死刑，正好称了中共的意。相反，将他释放回日本，则是相当有利的决定；冈村必定会感于这份恩义，在日本继续坚持反共立场，并且很有可能在将来的反共战争中，成为支持中国的一股力量。"[8]

实际上，曹士澄的发言并非只是他个人的意见，而是代表着蒋介石的态度。1949 年 1 月 26 日，上海战犯法庭正式审理冈村宁次一案。曾经判处谷寿夫、野田毅、向井敏明、酒井隆等战犯死刑的主审法官石美瑜被迫宣判："被告冈村宁次，无罪。"此前，盖着国防部长徐永昌大印，已经写好"无罪"二字的判决书在审理前就已经送到石美瑜手上了。这场法庭判决不过是一场戏而已。无罪判决传出，举国舆论哗然。宣判后，侥幸的冈村宁次就被安排返回日本。

1949 年 2 月 4 日，美国军舰"威克斯号"抵达横滨港。来自盟军司令部的利米中校奉副参谋长威洛比少将之命前来迎接冈村宁次。当时，利米问冈村："是否有什么想要的东西。"冈村开口道："为了将南下的共产党军队阻挡在扬子江一线，希望美军能

　　　　　暴走军国：近代日本的战争记忆

够派遣两个师到华中地区。"

两个月后，曾力主宣判冈村宁次无罪的曹士澄以驻日代表的身份也到了日本。他的任务正是在冈村宁次的帮助下，与日本军政各界联络，搜集日本可援助国民党当局的各类资源。同时在蒋介石的直接授意下，曹士澄也开始拟定召集原日本军人组成"国际反共联盟军"，又或是组织军事顾问团。

这便是日后所谓"白团"的由来。

惊讶的英国人

1949 年圣诞节前后，英国驻日政府代表盖斯克恩（Alvary Gascoigne）还没来得及享受他的假期，就不得不绞尽脑汁来应付英国外交部发来的紧急质询。日本无条件投降后，英国作为主要盟国之一进驻日本。由于当时英国尚未正式恢复与日本的外交关系，故无"大使"，只有"驻日政府代表"（Political Representative），由其全权负责与日本当局以及驻日盟军总司令部的联络交涉工作。

在迎接 1949 年平安夜前夕，盖斯克恩意外收到了伦敦方面紧急发来的电报。这份电报声称英国情报部门获悉败退台湾的国民党政权正在日本招募旧日本陆军军官并将他们送回台湾，要求驻扎日本的盖斯克恩马上核实此消息并搜集相关信息。根据《波茨坦宣言》第六条之规定："欺骗及错误领导日本人民使其妄欲征服世界者之威权及势力，必须永久剔除。"另根据 1946 年盟军司令部的指示与战后日本政府发布的《公职追放令》，禁止战犯、

图 56　盖斯克恩（1893—1970）

　　盖斯克恩早年曾在知名的冷溪卫队服役，退役后进入英国外交部。1939 年，出任摩驻摩洛哥领事。1946 年后，开始担任驻日政府代表。1952 年转任英国驻苏联大使。

前军人及参与战争的其他人员担任公职。显而易见，为外国政府效力同样有违《波茨坦宣言》的精神。

　　而英国军情部门传递来的机密情报还显示，原日本陆军第 23 军参谋长、华南派遣军参谋长、旧日军陆军少将富田直亮与原驻蒙军司令、旧陆军中将根本博都已经成了蒋介石的"座上宾"，甚至被委以重任。收悉电报后，盖斯克恩对此消息大感意外，因为身在日本的他居然对此毫不知情。在给外交部的回电中，他表示：驻日盟军总司令部之前曾信誓旦旦地表示不允许、不支持旧日军分子去中国打内战。为核实情况，他将当面向驻日盟军总司令、当时日本名副其实的"太上皇"麦克阿瑟当面确认此事。[9]

　　1949 年 12 月 28 日，盖斯克恩派他的武官弗格森准将（A. K. Ferguson）先去盟军司令部打听消息。司令部某位高官兴致勃勃地跟弗格森谈论起国民党雇佣旧日军军官充当所谓"军事顾问"

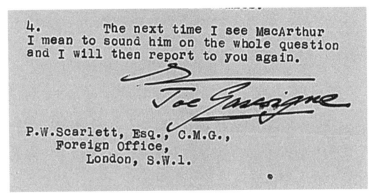

图 57　盖斯克恩在给英国外交部的回电中，表示将亲自向麦克阿瑟询问此事

资料来源："Japanese Forces Operating in China in Support of both Nationalist and Communist Armies", FO 371/83400, Foreign office files, The National Archives（UK）。

的话题。这位高官先强烈否认盟军司令部支持此行为，但也表示美方没有理由进行干预或阻止。半个月后，盖斯克恩终于有了向麦克阿瑟本人确认此事的机会。会面时，这位英国资深外交官直截了当地问道："究竟有多少日本人被国民党请去台湾当雇佣军？"麦克阿瑟则回应：这些传闻的始作俑者是苏联塔斯社，毫无根据。或许有极个别日本人为此目的而去台湾，但肯定是通过非法途径。而他本人也并不晓得根本博如今身在何处。[10]

　　接到盖斯克恩的报告后，英国外交部依旧将信将疑。如盖斯克恩所指出的那样：即便麦克阿瑟所说都是实话，也不能排除有日本人偷偷前往台湾协助国民党政权的可能。事实上，麦克阿瑟的情报官亦承认根本不可能完全杜绝此类情况。于是，英国外交部随即又要求驻中国台湾淡水、中国香港及新加坡的使领馆在各

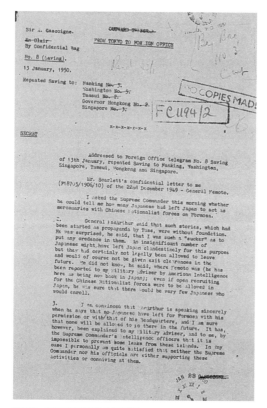

图 58　与麦克阿瑟的会谈记录

资料来源："Japanese Forces Operating in China in Support of both Nationalist and Communist Armies", FO 371/ 83400, Foreign office files, The National Archives (UK)。

自所在地尽力搜集与日本军事顾问相关的情报。

1950 年 2 月 3 日，英国驻中国台湾淡水的领事馆向伦敦报告称：已确认至少有 17 名原日军军官身在台湾，其中包括富田直亮与根本博。根据英国在台湾情报组织的调查，根本博先是悄悄抵达日本九州，后偷渡至台湾基隆。1949 年夏天，他被蒋介石派往汤恩伯处，作为军事顾问参与了金门战役。同年 8 月，在给伦敦的报告中，驻淡水的英国领事馆已确认至少有 35 名日本军官在为国民党当局充当军事教官或顾问。11 月时，英国外交人员从一位美军军事观察员处得知，曾在一次国民党军队的调防行动中遇到了根本博本人。根据这位观察员的判断，日本顾问掌控着国民党部队行动的全过程，而不仅仅局限于日常训练。当时，根本博并不在意自己被美国人发现，甚至还曾与对方进行简单交谈，并颇为得意地表示：国民党部队在自己调教下，多少已有进步。相较而言，反倒是国民党随行官员对美军观察员的出现非常紧张，紧急进行了干预并不愿让外界探知日军顾问的真实动向。

蒋介石的座上宾

英国人之所以如此关注根本博的动向，主要是由于其特殊的身份。日本投降前，根本博为"蒙古驻屯军"司令官。投降后，又被临时任命为所谓"华北派遣军"司令官。如此高阶的原日军将领居然直接为蒋介石本人效力，并在第一线指挥国民党军队对抗中共，在当时纷繁复杂的国际局势中自然引人注目。① 更让英国人意外的是，组织、招募日军军官的计划很早就已开始付诸实施。

---

① 除蒋介石本人外，不少国民党地方派系出于壮大自身实力的考虑，都曾考虑招纳投降日军，例如阎锡山。抗战结束后，他与日本驻山西的第 1 军司令官澄田赉四郎达成合作协议，将数千名日军成建制地留在山西与中共作战，史称"山西残留军"。

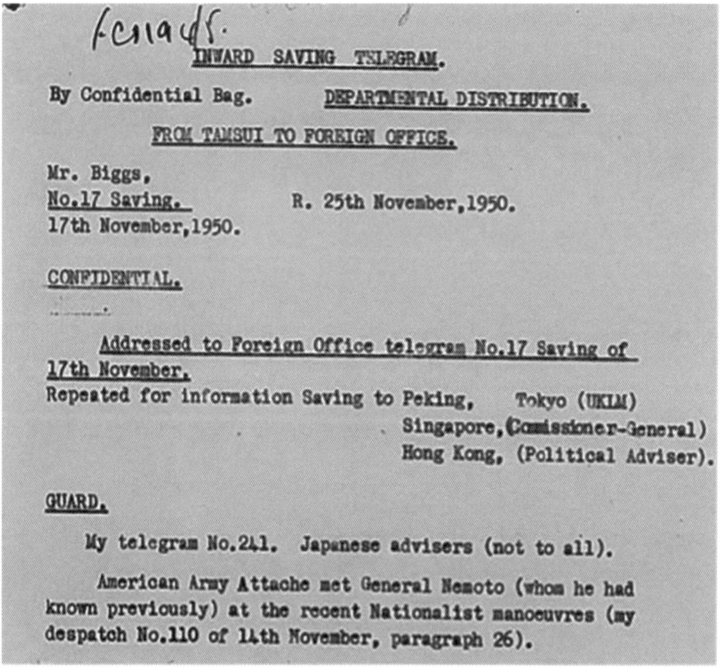
FC1194/5.

INWARD SAVING TELEGRAM.

By Confidential Bag. DEPARTMENTAL DISTRIBUTION.

FROM TAMSUI TO FOREIGN OFFICE.

Mr. Biggs,
No.17 Saving. R. 25th November,1950.
17th November,1950.

CONFIDENTIAL.

Addressed to Foreign Office telegram No.17 Saving of 17th November.
Repeated for information Saving to Peking, Tokyo (UKLM)
Singapore,(Commissioner-General)
Hong Kong, (Political Adviser).

GUARD.

My telegram No.241. Japanese advisers (not to all).

American Army Attache met General Nemoto (whom he had known previously) at the recent Nationalist manoeuvres (my despatch No.110 of 14th November, paragraph 26).

图 59 英国外交报告中转述了美国军事观察员与根本博的接触过程

资料来源："Japanese Forces Operating in China in Support of both Nationalist and Communist Armies", FO 371/83400, Foreign office files, The National Archives(UK)。

是年 7 月 13 日，蒋介石在日记中写道："从曹士澄那里听取了他的日本调查报告。有关日军人才运用的具体方法相当不错，只是资金花费或许稍嫌高昂。报告内容非常详细。"[11] 在经过与曹士澄多次讨论后，蒋介石在 7 月底终于下定决心组建日军顾问团，"在教育、训练、制度设计方面提供协助，并应情势需要，命其参加反共作战"[12]。为此，他还特别列出四项招募条件：

一、陆军士官学校或陆军大学毕业；

二、具备实战经验；

三、具备端正人格；

四、具有坚强的反共意志。

短短两三个月间，曹士澄的招募工作便有了突破性进展。之所以能够进展顺利，一来是因为有冈村宁次牵线搭桥：由于在国共内战期间积极为蒋介石出谋划策而被军事法庭宣判无罪释放的冈村宁次在返回日本后，不遗余力地利用其在日本军队的人脉和"威望"为国民党方面物色合适人选。其二，则是因为蒋介石为招募顾问开出了极为丰厚的条件：每一名原日本军人出发时，就能收到200美元的报酬。之后，每个月付给每人的生活费、家人联络费则有115美元之多。这在当时百废待兴的日本几乎堪称天价。

1949年9月10日，曹士澄代表国民党当局与第一批12名前日军军官签订了所谓"契约书"，冈村宁次则为保证人。原陆军少将富田直亮担任顾问团团长。富田直亮毕业于陆军士官学校第32期、陆军大学第39期，日本投降时在驻扎中国广东的第23军任参谋长。国民党方面之所以会选择他任团长，除军衔较高外，另一个考虑便是他对中国南方地区较为熟悉。

除了富田外，另外11位情况大致如下：

佐佐木伊吉郎，原陆军少将（陆军士官学校第33期）

泷山三男，原陆军大佐（陆军士官学校第34期）

藤本治毅，原陆军大佐（陆军士官学校第 34 期）

铃木勇雄，原陆军大佐（陆军士官学校第 36 期）

守田正之，原陆军大佐（陆军士官学校第 37 期）

杉田敏三，原海军大佐（海军兵学校第 54 期）

酒井忠雄，原陆军中佐（陆军士官学校第 42 期）

内藤进，原陆军中佐（陆军士官学校第 43 期）

伊井义正，原陆军少佐（陆军士官学校第 49 期）

河野太郎，原陆军少佐（陆军士官学校第 49 期）

荒武国光，原陆军大尉（陆军中野学校）

这些顾问在签约后，马上就能收到一笔"动身费"：团长为 20 万日元，其余团员为 8 万日元。之后，每位顾问每月酬劳为 3 万日元。一年契约期满后，还另有 5 万日元的离任费。1950 年，日本大学生的月薪只有 3000 日元。其待遇之丰厚可见一斑。

招募雇佣日军军官前往中国台湾充当顾问是由蒋介石亲自指示、安排的绝密工作。而他本人第一次与这些日军顾问会面可能是在 1949 年 11 月 3 日。那天在日记中，蒋介石这样写道："10 点与富田直亮等会面，向其指示任务并慰勉之。"富田直亮作为顾问团总负责人全权负责招募、协调、管理这些投奔中国台湾的"雇佣军"。因其化名为"白鸿亮"，这批前往中国台湾的旧日本军官也被称为"白团"。而蒋介石在之后写日记时，也不再写"富田直亮"，一律改称"白鸿亮"。例如在同年 11 月 19 日的日记中已称："与白鸿亮会面。对西部战线之敌情及地形判断甚为正确。"[13]另一方面，除富田直亮直接领导的"白团"外，英美方面甚为关注的根本博偷偷前往"助战"的时间则更早。

1949 年 5 月 8 日，根本博扛着鱼竿出了门，只讲了一句："我去钓会儿鱼。"实际上，他是搭火车前往了九州并从那儿坐渔船前往台湾。其间，还曾遇到海难，辗转一个多月才到了台湾基隆。8 月 1 日，根本博被护送到台北并见到了蒋介石本人，接着被任命为汤恩伯的军事顾问。8 月 18 日，根本博化名"林保源"秘密抵达厦门，享受中将待遇，负责金门的防御规划。10 月 25 日，中国人民解放军第十兵团发动金门战役。由于渡海作战经验不足，登岛的三个主力团几乎全军覆没，牺牲近万人。此役成为解放战争期间，尤其是 1949 年后，解放军遭遇的最大失利。蒋介石事后甚至认为这场胜利不仅保住了金门，更保住了台湾。多年后，晚年的根本博曾向日本媒体宣传所谓"古宁头大

图 60　根本博（1891—1966）

自青年时代起，根本博就是狂热的军国主义分子，热衷各类军国主义运动。先后参加过樱会、一夕会等各类激进的军人结社组织。"二二六事件"爆发后，本有意响应，却因喝醉而错过，反而因此保住了性命。之后，作为所谓"支那通"主要负责参谋工作，亲临一线的机会反倒不多，担任军事主官的机会亦少。1941 年转任第 24 师团长，但该师团长期驻扎"满洲国"负责对苏警戒。1944 年第 24 师被调往太平洋战场后，根本博却改任驻蒙军司令官又躲过了一劫，继任师团长雨宫巽则在冲绳战役中自杀。日本投降后，曾与进入内蒙古的苏军交战，掩护日本居留民撤退。

捷"（即金门战役）完全是自己的功劳，正是因为他向汤恩伯及后来的胡琏献策，才最终击溃了登陆的人民解放军。不过，当时汤恩伯在金门的实战指挥权已经交给了胡琏，而作为汤恩伯军事顾问的根本博究竟能发挥多大作用同样存疑。根据胡琏的回忆，战役期间根本博确实身在金门，但并未实际指挥作战。

金门战役后，根本博回到台湾本岛与"白团"大部分部队汇合并参与国民党军队的日常整训工作。正是在此期间，他才会在训练途中碰到了美军观察员。而在如何管理"白团"的问题上，根本博却与富田直亮爆发了非常激烈的冲突。按理来说，根本博无论是军衔、资历以及名声都要胜过富田直亮，理应该由他出任团长。不过，"白团"其他成员几乎都是富田直亮在冈村宁次协助下直接联络的，因此并不愿看到团长换成陌生的根本博。此外根本博高调张扬的性格，也让国民党方面负责运作此事者非常担心，故转而联合"白团"反对根本博出任领导者来表明立场。最终，根本博领导"白团"的期望落空，只能在1952年5月返回日本。临行前，蒋介石曾亲自召见并赠其1000美元算作抚慰。而富田直亮本人则在台湾一直待到了20世纪70年代。结果，根本博一回国就迫不及待地向《文艺春秋》杂志披露了自己在台湾的冒险经历。

尽管有根本博的这段插曲，但自20世纪50年代初，"白团"在台湾的工作已渐上正规。蒋介石第一次向国民党内高级将领透露此事，曾遭到普遍反对与抵制。他曾在1950年1月12日的日记中无奈写道："……研讨用日本教官事，征求高级将领意见，

图 61　1969 年 "白团" 成员在台北的合影

多数仍以八年血战之心理难忘，此固难怪其然，故对日人之用法，应另为检讨也。"[14] 尽管如此，但蒋介石却力排众议通过各类渠道继续招募来自日本的 "败军之将" 来台充当顾问或教官。

　　1950 年 1 月 7 日，蒋介石曾在日记中写道，"召见彭孟缉，商议日本教官参观凤山训练情形"。之后，"日本教官" 就开始频繁出现在蒋介石日记中。在当时美国政策举棋不定的情况下，国民党政权在台湾风雨飘摇，因此蒋介石竭力坚持使用所谓 "白团" 来训练国民党军队。1950 年 5 月，特别为此设立 "圆山军官训练团"，蒋介石本人亲任团长，从各部队中抽调数千名基层军官接受旧日本军官们的调教训练并希望两年后可以再推广到全军。在训练团开业仪式上，蒋介石为了打消学员们对日本教官的抵触心理，甚至搬出了孙中山的"大亚洲主义"来进行辩护，声称："聘请日本教官之重要，与中日将来必须合作团结之关系。"

1950年6月底，第一批"圆山军官训练团"的学员毕业，蒋介石亲自出席毕业典礼，称赞"此期训练之成效，实超所预期者"。此时的蒋介石已经把这批日军将校奉为自己的高级幕僚，甚至会单独与富田直亮深谈，所谓"与白教官单独会商，讨论今后'国防'的重要策略以及陆海军建设方针"。

1951年后，"白团"规模甚至一度膨胀到83人之多，军阶从少佐一直到少将、中将。英国以及之后美国的情报机关很快都开始密切关注这个"畸形"组织在台湾岛内的急速扩张。随着朝鲜战争爆发，美援大规模涌入台湾，美国人势必很难容忍蒋介石身边存在一个规模庞大的日籍顾问团。最终碍于美国的强烈反对，"白团"规模开始被迫缩小。朝鲜战争后，"白团"转而在实践学社的招牌下继续活动并避开美国人监视，秘密参与台湾当局各类军事计划的修订，例如大名鼎鼎的所谓"国光计划"。1965年后，大部分日籍顾问陆续离开台湾。富田直亮带领残留的顾问进入"陆军指挥参谋学校"，直到1969年"白团"正式撤销。之后，富田直亮依旧是蒋介石的高参，仍频繁出入其官邸。1972年时，蒋介石授予其"上将"军衔。

蒋介石对"白团"的推崇，除了希望学习军事技术、战略方面的考虑外，更多则是源于他本人对所谓"武士道"精神与旧日本军国主义文化的向往。在日记中，蒋介石写下过这样的话：

　　　　　　　　暴走军国：近代日本的战争记忆

"白鸿亮总教官的武士道课程，对学生而言有如照亮黑暗的一道光芒。"进而感叹"轻生乐死，乃武士道之真髓"。[15]热衷传授"武士道"的富田直亮甚至曾向蒋介石建议效仿"神风特攻队"来建立"空军突击队"。

实际上，在冷战的背景下，利用各方势力庇护而得以幸存的日本军国主义幽灵远不止"白团"一家。

不只是"白团"……

1952年10月1日，第25届日本众议院选举正式举行。在石川县第一选区，代表自由党参选的前陆军大佐辻政信以高票顺利当选。仅仅两三年前，这位其貌不扬、面色阴郁的候选人还是遭军事法庭通缉的战犯，如今却摇身一变成了跻身国会议事堂的政治家。而在议员身份之下，还隐藏着更让人不寒而栗的真相。

第二次世界大战期间，日军在东南亚战场上曾有两桩骇人听闻的战争暴行，而辻政信皆为罪魁祸首之一。其一是新加坡华人大屠杀。1942年2月日军攻占新加坡前后，日军有计划地逮捕、肃清乃至屠杀亲华、亲英的当地华人。《读卖新闻》随军记者小俣行男就曾亲眼目睹当时日军的暴行：

> 在第5师团渡柔佛海峡登陆新加坡时，我目睹在几家民房前，五六个华侨双手反缚被捆在香蕉树上，我问士兵，他们干了什么，回答是"日军开来了还留在家里不逃走，肯定

是间谍，是留下向敌人报告日军动向的"。这些被称为"间谍"的华侨被带到房后的橡胶林，我们走出四五百米后，身后传来了枪声。不用说，这些华侨全被枪杀了。[16]

最初并没有被屠杀华侨人数的确切数字，依照小俣行男的估计，"实际数目超过 1 万人"[17]。根据战后新加坡战犯法庭的统计，日军在新加坡逮捕了多达 5 万名所谓"抗日分子"，其中至少有一半人即 2.5 万人遭到屠杀。新加坡前总理李光耀就险些在这场浩劫中丧命。当时身为第 25 军参谋的辻政信便是这场屠杀的主要策划者与实施者，甚至曾宣称：要让新加坡的华人人口减少一半。

其二则是巴丹死亡行军。1942 年 4 月，近 8 万美菲联军向日本第 14 军投降。沦为战俘后，美菲战俘被押往 120 公里外的集中营。一路上，日军不向战俘提供食物和水，强迫战俘在近 40 度高温下强行军。当时已经调任参谋本部的辻政信向第 14 军下达枪决战俘的伪命令，导致行军路上大量战俘遭屠杀。在行军路上以及最初抵达战俘营的两个月间，共有多达 4 万名战俘死于饥饿脱水、过度疲劳、酷刑折磨以及枪杀。

实际上，辻政信擅自下达"伪命令"并非始于 1942 年的巴丹死亡行军。早在 1939 年 4 月，时任关东军作战参谋的他就曾以时任关东军司令官植田谦吉大将的名义发布了《满苏国境纷争处理要纲》，将边境作战权下放给了各师团长。5 月，蒙古国边防部队与伪满洲国国境警备队发生冲突。第 23 师团便依照辻政信发布的《纲要》向事发地增派部队，最终导致诺门坎事件的全面升级，险些酿成日本与苏联全面战争的爆发。1942年7月，辻政信再次故伎重施向第17军下达了立即攻占新几内亚莫尔兹比港的命令。第17军下属的南海支队不得不在补给不继的情况下，贸然发动攻势，最终无功而返。10月初，辻政信则随第2师团在鏖战正酣的瓜达尔卡纳尔岛登陆。其间，他通过向大本营告状的方式罢免与他意见不合的一线指挥官川口清健。11月初，他自己搭乘海军驱逐舰安全撤离了瓜岛，却把第2师团的官兵抛弃在了热带雨林的战争炼狱中。

回国后，辻政信曾短暂在陆军大学担任教官。1943年8月，晋升陆军大佐并被调往所谓"中国派遣军"任参谋。此时，辻政信曾向首相东条英机建言，尽早与蒋介石进行直接和谈，甚至愿意自告奋勇前往重庆，但遭驳回。经此事后，东条担心辻政信在中国可能会自行其事，便将其调往了缅甸战场，出任第

图 62　辻政信（1902—?）

辻政信出身于日本石川县的贫苦农村，出于对军人体面生活的向往而报考了名古屋陆军地方幼年学校。之后，以第一名的身份进入东京中央陆军地方幼年学校（即陆军士官学校预科）。1924年再度以状元身份从陆军士官学校毕业。1931年以第三名成绩从陆军大学毕业，学习了俄语与汉语。1932年"一·二八事变"期间，作为第七联队第二中队长赴上海参加了战斗。事变后，调任参谋本部总务部第一课，成了时任课长东条英机的下属。1934年陆军内部统制派与皇道派斗争日趋激烈之时，受东条英机派遣，以教官身份重回陆军士官学校。其间，辻政信第一次显露出他阴险诡诈的一面。当时他先煽动有同情皇道派理念的青年学生采取刺杀政要的行动，然后再去宪兵司令部举报，一手制造了所谓"政变事件"。

33 军参谋。在 1944 年 8 月拉孟腾越战役中，辻政信擅自下令要求当地日军死守密支那至最后一兵一卒。面对中美联军的优势兵力，前线指挥官水上源藏少将最终放弃死守，命令残余部队突围撤退，自己则选择自杀。当水上的副官到军司令部报告战况时，怒不可遏的辻政信却边辱骂边痛毁这名副官。日本战败投降时，辻政信则是驻扎泰国的第 18 方面军的参谋。

战后，自知身负战争罪行的辻政信并没有如很多军国主义狂热分子一样选择自杀，而是乔装打扮开始在泰国境内各地潜伏流窜。为躲避英美方面的战犯通缉，辻政信又主动与国民党军统方面取得了联系，表示愿意在情报方面进行合作，协助反共。1945 年 11 月，辻政信悄悄抵达河内。次年 2 月辗转昆明后，终于到了重庆，之后又于是年 7 月抵达南京。接替戴笠执掌军统的郑介民果然接纳了这位战犯，并将其安排在国防部第二厅第三研究室。郑介民非常器重辻政信，主要让他协助反情报工作。同时，辻政信利用各类秘密渠道向郑介民提供当时日本国内的重要情报。而蒋介石本人通过郑介民也知道在国防部二厅有这么一位原日军参谋负责情报作战。在为军统服务期间，辻政信还曾根据自己在关东军以及诺门坎事件的经验编了一本介绍中国东北情势的小册子供蒋介石参考，曾下发给部分调往关外的国民党部队。

值得玩味的是，美国方面很早就查知了辻政信的下落，却并未采取任何行动。根据 2005 年美国中央情报局解密公开的档案显示：早在 1947 年，美国陆军情报部就通过线人得知辻政信在为国民党当局情报部门效力的事实。换言之，美国当局早就默认了这个现实，却并未进行任何干预。在为郑介民乃至蒋介石工作两年后，辻政信于 1948 年 5 月重返日本。返日后，他一直流转各地，秘密隐居。直到 1950 年驻日盟军司令部宣布战犯搜查工作结束后，辻政信才再次出现在日本民众面前。

种种迹象显示，美国中央情报局在 1949 年前后曾接触过辻政信，考虑让其参与对苏、对华的情报工作。或许同样是出于难

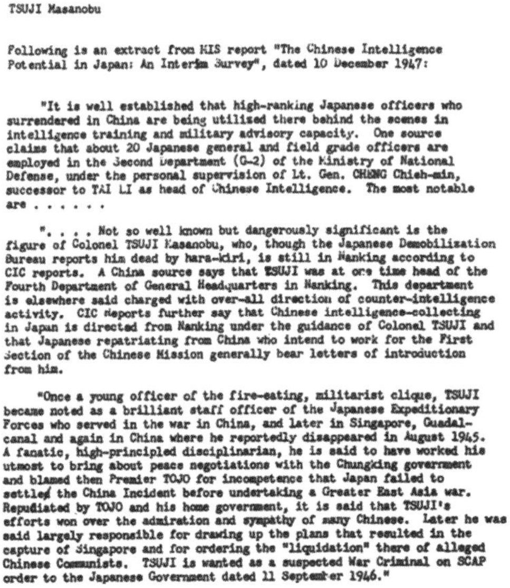

TSUJI Masanobu

Following is an extract from MIS report "The Chinese Intelligence
Potential in Japan: An Interim Survey", dated 10 December 1947:

　　"It is well established that high-ranking Japanese officers who
surrendered in China are being utilized there behind the scenes in
intelligence training and military advisory capacity. One source
claims that about 20 Japanese general and field grade officers are
employed in the Second Department (G-2) of the Ministry of National
Defense, under the personal supervision of Lt. Gen. CHENG Chieh-min,
successor to TAI LI as head of Chinese Intelligence. The most notable
are . . . . . .

　　". . . . Not so well known but dangerously significant is the
figure of Colonel TSUJI Masanobu, who, though the Japanese Demobilization
Bureau reports him dead by hara-kiri, is still in Nanking according to
CIC reports. A China source says that TSUJI was at one time head of the
Fourth Department of General Headquarters in Nanking. This department
is elsewhere said charged with over-all direction of counter-intelligence
activity. CIC Reports further say that Chinese intelligence-collecting
in Japan is directed from Nanking under the guidance of Colonel TSUJI and
that Japanese repatriating from China who intend to work for the First
Section of the Chinese Mission generally bear letters of introduction
from him.

　　"Once a young officer of the fire-eating, militarist clique, TSUJI
became noted as a brilliant staff officer of the Japanese Expeditionary
Forces who served in the war in China, and later in Singapore, Guadal-
canal and again in China where he reportedly disappeared in August 1945.
A fanatic, high-principled disciplinarian, he is said to have worked his
utmost to bring about peace negotiations with the Chungking government
and blamed then Premier TOJO for incompetence that Japan failed to
settle the China Incident before undertaking a Greater East Asia war.
Repudiated by TOJO and his home government, it is said that TSUJI's
efforts won over the admiration and sympathy of many Chinese. Later he was
said largely responsible for drawing up the plans that resulted in the
capture of Singapore and for ordering the "liquidation" there of alleged
Chinese Communists. TSUJI is wanted as a suspected War Criminal on SCAP
order to the Japanese Government dated 11 September 1946."

图 63　1947 年 12 月 10 日美国陆军情报部（Military
Intelligence Service）有关辻政信报告的档案原件

资料来源："TSUJI, MASANOBU VOL. 1"，Special
Collection（Nazi War Crimes Disclosure Act），Document
Number（FOIA）/ESDN（CREST）：519cd81f99329409
8d516971, Central Intelligence Agency。

以驾驭的忧虑，美国中央情报局最终打消了这个念头。之后，中情局与辻政信始终保持着某种非正式的联系。既有中情局间谍网对辻政信的监视调查，也有辻政信本人主动向中情局传递的情报。1955 年 10 月初，辻政信跟随日本议员代表团访问苏联。其间，他曾秘密与时任苏联国防部长、"二战"名将朱可夫会谈。会谈中，双方谈及北方四岛、战犯处理以及美国驻日军事力量等问题。交谈中，辻政信敏锐地觉察出朱可夫与赫鲁晓夫之间存在的嫌隙。不出几日，辻政信有关此次密谈的报告就已摆在了美国中央情报局局长艾伦·杜勒斯的办公桌上了。[18]

无论辻政信与中情局保持着什么样的关系，美国当局始终没有逮捕这位曾犯下多宗严重战争罪行的中重要战犯，相反却是默认乃至暗中支持他在日本国内的政治活动。1950 年辻政信再次公开露面后，他甚至顺利出版了自己的回忆录《潜行三千里》，讲述自己战后在东南亚、中国及日本国内的躲藏岁月。这本回忆录让他在日本右翼群体中获得了极高的知名度，也让他之后竞选日本国会众议员成为可能。当选为议员后，辻政信成为日本右翼与倡导军国主义复兴势力的旗帜性人物，以反对左翼力量为己任。例如 1958 年竞选参议员时，辻政信公开指责日本左翼政党社会党背后有苏联与中国的金钱支持，污蔑当时在日本访问演出的中国京剧团中有所谓"共产党间谍"。

1961 年 4 月，当时身为参议员的辻政信突然向国会请假 40 天。4 月 4 日，他搭乘法国航空公司的班机只身前往东南亚，足迹遍及新加坡、缅甸、泰国、老挝、柬埔寨以及南越。4 月 22 日，

　　　　　　　　　暴走军国：近代日本的战争记忆

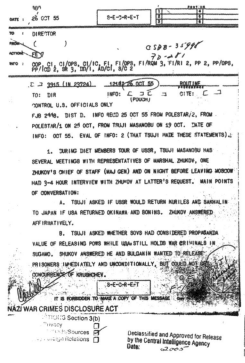

图 64　在递交中情局局长艾伦·杜勒斯的报告中，详细描述辻政信与朱可夫密谈的全过程

资料来源："TSUJI, MASANOBU VOL. 2", Special Collection（Nazi War Crimes Disclosure Act），Document Number(FOIA) /ESDN(CREST)：519cd81f993294098d516a27, Central Intelligence Agency。

泰国航空公司接到一个自称是辻政信者打来的电话，取消了辻政信从老挝万象到泰国曼谷的预定航班。4 月 27 日，辻政信的夫人却收到她丈夫从曼谷寄来的明信片，表示他将在 5 月 10 日前后回家。之后，他便再无任何消息，如人间蒸发般消失在东南亚。

之后，有关辻政信最终下落的传闻可谓五花八门：有人说他被英国特工暗杀，为了惩罚他在"二战"期间的暴行；也有说法认为他彻底投靠了美国，为其在东南亚军事活动出谋划策；此外不少人怀疑他重新与国民党当局情报部门接头而去了台湾；甚至还有人认为他由于之前与苏联方面建立了联系，被克格勃秘密接走，等等。根据目前的解密档案显示，辻政信几乎是从美国中央情报局眼皮底下突然消失的。从他搭上法国航班飞往东南亚的那一刻起，中情局的特工就开始了全程跟踪监视。然而，却在 4 月底跟丢了行踪。辻政信消失后，中情局曾进行了长达一年的调查，但终究未能获知其下落。

日本当代最著名的昭和史研究者半藤一利曾有机会采访过辻政信。当时，辻政信刚顺利当选议员，而他的种种言论曾让半藤感到不寒而栗，称之为人间少有的"绝对之恶"。

1968 年，日本政府正式宣布失踪的辻政信死亡。然而，围绕这个失踪的日本国会议员、前陆军参谋、战犯的争论却并未消失。辻政信以及他所代表的军国主义之恶就如同幽灵一般继续游荡在人们心中。

本章文献注释：

1 东史郎著，《东史郎日记》翻译组译：《东史郎日记》，江苏教育出版社 1999 年版，第 3 页。

2 相关研究参见黄自进著：《抗战结束前后蒋介石的对日态度："以德报怨"真相探讨》，中国台湾《'中央研究院'近代史研究所集刊》，第 45 期，2004 年 9 月。

3 黄自进著：《抗战结束前后蒋介石的对日态度："以德报怨"真相探讨》，

中国台湾《'中央研究院'近代史研究所集刊》，第 45 期，2004 年 9 月。

4「最高戦争指導会議に関する綴 其 2 昭和 20 年 4 月 16 日～9 月 2 日」，請求番号：C12120339100，防衛省防衛研究所。

5 转引自野岛刚著，芦荻译：《最后的大队：蒋介石与日本军人》，社会科学文献出版社 2016 年版，第 103 页。

6 转引自野岛刚著，芦荻译：《最后的大队：蒋介石与日本军人》，社会科学文献出版社 2016 年版，第 109 页。

7 转引自野岛刚著，芦荻译：《最后的大队：蒋介石与日本军人》，社会科学文献出版社 2016 年版，第 115 页。

8 转引自野岛刚著，芦荻译：《最后的大队：蒋介石与日本军人》，社会科学文献出版社 2016 年版，第 118 页。

9 "Japanese Forces Operating in China in Support of both Nationalist and Communist Armies", FO 371/ 83400, Foreign office files, The National Archives (UK).

10 "Japanese Forces Operating in China in Support of both Nationalist and Communist Armies", FO 371/ 83400, Foreign office files, The National Archives (UK).

11《蒋介石日记》（手稿），1949 年 7 月 13 日，斯坦福大学胡佛研究所档案馆藏。

12 转引自野岛刚著，芦荻译：《最后的大队：蒋介石与日本军人》，社会科学文献出版社 2016 年版，第 141 页。

13《蒋介石日记》（手稿），1949 年 11 月 3、19 日，斯坦福大学胡佛研究所档案馆藏。

14《蒋介石日记》（手稿），1950 年 1 月 2 日，斯坦福大学胡佛研究所档案馆藏。

15《蒋介石日记》（手稿），1950 年 10 月 7、9 日，斯坦福大学胡佛研究所档案馆藏。

16 小俣行男著，周晓萌、沈英译校：《日本随军记者见闻录——太平洋战争》，世界知识出版社 1982 年版，第 114 页。

17 小俣行男著，周晓萌、沈英译校：《日本随军记者见闻录——太平洋战争》，世界知识出版社 1982 年版，第 131 页。

18 "TSUJI, MASANOBU VOL. 2", Special Collection (Nazi War Crimes Disclosure Act), Document Number (FOIA) /ESDN (CREST): 519cd81f993294098d516a27, Central Intelligence Agency.

第七章

军国与靖国

　　毋庸赘言，靖国神社自明治维新以来，按照军国之需要，将阵亡英灵作为主要祭神，（天皇）陛下亲临祭奠，尽参拜之礼。由此可知，靖国神社乃我国之重要神社。然而，目前我国已陷入此种人人皆知之状况，将来能否按照以往之礼仪举行靖国神社祭典，着实令人怀疑。况且，就我国目前之国际处境，能否允许将大东亚战争之阵亡将士永远作为护国英雄来崇敬，并赞颂其武功，尚属疑问。[1]

——石桥湛山，日本第 55 任内阁总理大臣

每年 7 月中旬盂兰盆节夜市对于东京市民来说，无疑是夏夜纳凉的好去处。在东京市中心，最大盂兰盆节夜市的所在地，对于中国人来说同样不陌生，那就是靖国神社。

　　自 1947 年起，靖国神社会在每年 7 月 13 日至 16 日盂兰盆节假日期间举办所谓"御灵祭"活动，祭奠日军阵亡者。傍晚，沿着东京市中心"靖国通"大街，往靖国神社方向走去，一路上都能看见前去参加"御灵祭"夜市活动的熙攘人群。每年参与者可以达到 30 万人之多。纳凉晚会、民俗表演、夜市、灯会，几乎可以让人忘记正身处靖国神社——一座歌颂战争的军国主义场所，而是置身普通的民俗集会之中。对于相当多历史认知淡漠又或是干脆对此毫不关心的日本人来说，确实早已忘记又或是装作忘记了靖国神社的"真面目"。

图 65　正为准备"御灵祭"而搭建设施的靖国神社正殿门口

资料来源：作者摄（2015 年 6 月）。

国家神道

凡熟悉日本文化者，都会知道其以神道信仰立国。所谓"神道"乃是源自日本本土的民间宗教，发端于传统民间信仰与自然崇拜。类似世界其他地区的民间信仰，神道教长期没有统一的宗教组织，崇奉的信仰对象也千差万别，从山川森林到动物，从抽象的自然现象到神格化的人物（例如历代天皇、文臣武将）等，数量多到得用"八百万神明"来形容。

至于中国人最熟悉的"靖国神社"，其实并非传统神道教的

　　　　　　　暴走军国：近代日本的战争记忆

图 66　2017 年靖国神社"御灵祭"夜市的海报，初看几乎与普通的民俗庆祝活动无异

宗教场所，而是明治维新推行"国家神道"后的新产物。所谓"国家神道"是明治维新后才创造出来的国家宗教，在从明治维新到第二次世界大战日本战败为止的 80 年间，用于对日本民众进行精神统治。[2]国家神道以伊势神宫[①]为本宗（相当于佛教的总

---

① 伊势神宫位于三重县伊势市，是日本历史最悠久的神社之一，历史可以追溯到 7 世纪。主祭神为神话传说中日本天皇的始祖——天照大神。相传日本神话中"三神器"之一的八咫镜就保存在伊势神宫中。该神宫与日本皇室始终保持密切（转下页）

山），将全国的神社编组为金字塔形，将神宫与神社的祭祀划归一致。明治政府始终采取"神社是国家的祭祀，并非宗教"的态度，从而把国家神道强加于国民的政策合理化与合法化。[3]

同时，日本政府还赋予国家神道远高于其他宗教的政治地位和特权。根据明治宪法，日本各宗教被授予天皇制范围内的"信教自由"，国家神道作为超宗教的国家祭祀而确立了君临于神、佛、基督教等公认宗教之上的国家神道体制。因此，国家神道随之被改造成为事实上的国教。明治初年，首先确定了围绕天皇而开展的宫中祭典，以伊势神宫为宗主社，对全国神社进行了重新编组。1900 年 4 月，明治政府在内务省下新设"神社局"，统管全国神社及相关祭祀事务，将原本各自为政的传统神道信仰正式纳入国家管理范畴。而其他宗教则另由宗教局负责管理。由此不难看出国家神道在国家行政层面就有别于日本国内的其他宗教。日俄战争后，与神社制度相关的法律文件也相继出台。

在这种政治氛围下，国家神道成为"皇国体制""军国主义"最鲜明的体现，也成为日本对外扩张的标志。例如 1901 年 10 月，日本当局在中国台北建立所谓官币大社——台湾神社，奉祀死于侵台的日本近卫师团长北白川宫能久亲王和日本开拓三神（大国魂命、大己贵命、少彦名命）。1944 年增祀天照大神，又将之升格为所谓"台湾神宫"，希望借此进一步在台湾强化皇民

(接上页) 关系。明治维新后，明治天皇在正式迁都东京前，就是先去伊势神宫参拜。现任祭主为上皇明仁的长女——黑田清子，而前任祭主则是昭和天皇的四女池田厚子。此外，历代日本首相都有参拜伊势神宫的传统。

意识，维持殖民统治。在国家神道的体制下，神社与国家合二为一，神社祭祀活动成为国家最重要的政治仪式之一。国家神道赋予国家行为合法性，而神社则被视为所谓"惟神之道"的图腾，进而彰显日本是所谓"神国"的论调。

在战前日本的国家神道体系中，靖国神社则尤为特别。其前身东京招魂社建立于 1869 年，最初宗旨是为了纪念在倒幕战争中死去的维新派武士。所谓"靖国"之典故取自《左传·僖公二十三年》的"吾以靖国也"。自创立以来，靖国神社就以日本近代以来历次内外战争、军事行动的 250 余万阵亡者为所谓"祭神"并予以合祀。这些数以万计的阵亡者在靖国神社内，均被统一视为所谓"靖国大神"。神社内既无阵亡者的骨灰，也无阵亡者的牌位，只是将他们的姓名与资料登记在《灵玺簿》上。值得注意的是，唯有那些为天皇而战的死者才能被合祀于靖国神社，当年的幕府军、西南战争中的造反者以及日军侵略战争的被害者均被排除在外。1945 年 9 月，共同负责管辖的陆军省曾提出修改靖国神社合祀标准，提议将死于战争的平民也纳入合祀，但因遭到海军省等机构的反对而作罢。换言之，即便是到了战后，能进入靖国神社合祀者都必须是以天皇名义南征北讨的军人，普通的战争受害者不在其列。

在军国主义时代的认知中，对战死者来说，能被合祀于靖国神社成为一种对他生前效忠行为的褒奖。在国家神道的催眠下，为天皇、为国家而战死成为一种值得高兴的神圣行为。"在靖国神社相见"成为战时日军官兵最常说的一句话。显而易见，靖国

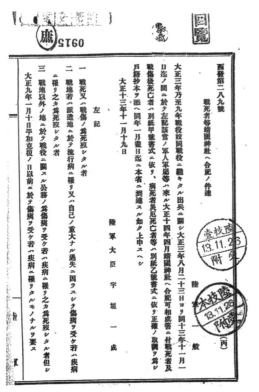

图67　1924年日本陆军省对所谓靖国神社合祀资格的认定标准文件

资料来源：「自大正12年09月至大正12年12月」，「陆普綴　第1部」，請求番号：C02030584200，防衛省防衛研究所。

神社完全是一座为了战争动员设立的国家设施。最能说明靖国神社军国主义属性的例证，就是其"二战"之前与绝大部分神社由内务省神社局管理不同，靖国神社是由内务省与陆海军共同管理的。战前历任宫司始终由退役的陆海军将领担任。穿过靖国神社大鸟居，在参道入口处树立的青铜雕像，既不是皇亲国戚，也非某方神圣，而是"大日本帝国"军队创始者——大村益次郎①。

日俄战争后，日本知名的共产主义者、经济学家河上肇曾在1911年的《中央公论》上撰文嘲笑日本人都是所谓"国家教"的信徒，如此写道：

> 日本是神之国。也就是说，国家即神。这是日本人最普遍的信仰。即使没有意识到这一信仰，但只要提一下，一般的日本人肯定都会表示赞同。对日本人来说，神就是国家。而天皇则是这个神圣国体的代表者。可以说，把抽象的国家神加以具体化的便是我国的天皇。所以，按照日本人的信仰，皇位即神位，天皇即神人。[4]

靖国神社的创立，以及对靖国神社的推崇便是为了进一步渲染这种意识。在这种意识形态笼罩之下，国家成为日本国民最重要的人生寄托，靖国神社则成为承载所谓"为国家而生，为国家而死"之类军国主义理想的场所。换言之，靖国神社既不是单纯的宗教设施，也非哀悼场所。正如东京大学教授高桥哲哉在其著作《靖国问题》中所指出的那样：它不是哀悼战死者的设施，而

---

① 长州藩出身，原是知名的兰学家，后钻研欧洲军事理论与技术。在第二次长州战争中崭露头角，率部大败幕府讨伐军。明治政府成立后，大村益次郎出任军务官副知事，推动军制改革。之后，任兵部大辅实际负责近代日本陆军的创建。1869年遇刺身亡。

是褒奖那些为军国主义而死者的设施。它不是以否定那场侵略战争为目的而设立的场所，相反是以歌颂那战争为目的而运营至今。战争的残酷与悲伤，在此处被转化为对"军国"的颂扬。[5]

在这座所谓的"神道教"神社中，日本传统信仰与军国主义合二为一，为国家而死、为天皇而亡者在此处得到"褒奖"。

军国主义的遗产

1945年12月，驻日盟军总司令部颁布《神道指令》，从法律上废除了"国家神道"，禁止国家对神道信仰进行保护和管理。在次年2月颁布的新宪法中，又明确了政教分离原则。于是，靖国神社只能选择以宗教法人的形式继续存续。此外，美国人也有意识地在日本推动各类宗教的平等化运动。为此，甚至在关押战犯的巢鸭监狱聘请和尚为教诲师，为战犯传授佛法，并希望通过这种做法来提升除神道教外其他宗教在日本的地位。当时，在巢鸭监狱担任教诲师的僧人花山信胜就认为：神道教主要是崇拜祖先，缺乏对未来的关心。过往日本受神道教影响太深，失去了对现在和未来的眼光。根据花山信胜的说法，包括东条英机在内的数名甲级战犯在临死前都曾皈依佛教，不少战犯遗族则对这种说法表示愤怒与不满。[6]

战后，虽因被迫改为宗教法人而丧失了"国家神社"的地位，但靖国神社仍肩负着继续"传播"这种军国主义历史观的重任，至今仍影响着日本人对待战争、战败问题的态度。被重新改造的国家神道信仰与军国主义思潮在这座位于东京九段坂的神社交汇于一处。这里既没有对死者的哀悼，也没有对战争的反省，更不会有对和平的向往，有的只是"怀旧的民族主义酿成的臭气与围在死者周围喋喋不休的腐朽的神道式政治人物发出的噪音"[8]。

　　"二战"后，日本政治家前往参拜靖国神社最大的动力与其说是"尊崇"阵亡者，莫不如说是为了阵亡者背后的选票。长久以来，号称拥有 800 万会员的日本遗族会一直积极支持首相等政治家参拜靖国神社。这对自民党为主的政治家来说，无疑是一个不容忽视的"大票仓"。日本遗族会的前身是 1947 年成立的"日本遗族厚生联盟"，最初旨在为战争遗属提供救济。

　　1953 年"日本遗族会"进行改组后，大批曾在战前政府、军队中任职者以及战犯后裔开始把持遗族会的领导权。而遗族会也开始从遗属互助为宗旨，逐渐转变为以所谓"英灵彰显"为首要目标。因为依照日本右翼以及遗族

图 68　东条英机（1884—1948）

　　东条英机出身军人世家，父亲东条英教就官至陆军中将。1915 年从陆军大学毕业后，曾前往瑞士担任武官。回国后，进入陆军中枢。1935 年被任命为关东军宪兵司令，任内大肆发展特务组织。"二二六事件"后，积极参与对皇道派军人的大清洗。由于处事手段残酷，被称为"剃刀军人"。"卢沟桥事变"爆发后，任察哈尔兵团长参与所谓"满蒙地区"的作战。1938 年第一次近卫内阁期间出任陆军省次官。1940 年 7 月，成为陆军大臣，积极主张与德国、意大利组成"轴心国同盟"。1941 年 10 月，取代近卫文麿成为首相，开始全力推动对美战争准备。太平洋战争爆发后，作为首相，身兼陆军大臣、军需大臣、内务大臣乃至参谋总长，还担任过大政翼赞会第二任总裁，权倾朝野。1944 年 7 月因菲律宾海战彻底失败，而被日本国内的反东条势力赶下台。（见下页）

(接上页) 战后，自杀未遂，被作为甲级战犯送上东京法庭。1948 年 12 月 23 日被处以绞刑。在被关押在巢鸭监狱期间，花山信胜曾给东条讲授过佛法。花山对东条英机的印象是"头的形状比较尖，给人感觉他好像没有从大处着眼考虑问题的习惯，应该是一个参谋型的人。这样的人居然出任总理大臣，这不得不让人对当时日本的情况感到遗憾"[7]。

会的逻辑，对侵略战争的谢罪反省会使自明治维新以来"为国捐躯者"丧失所谓"为国牺牲"的价值，也会使近代日本发展的合法性随之崩塌。若用吉田茂的话来说就是：

……由于战败，日本人在精神上受到了沉重的打击。不少日本人都相信日本不可战胜的神话，他们对日本战争目的的正确性确信不疑，因而付出很大的牺牲去支援战争。然而，日本最终战败了，而且人们认为这场战争简直毫无道理。多数日本人当然产生了极大的动摇。这大概意味着一切权威的严重丧失。[9]

有鉴于此，战后的日本政府以及右翼始终希望在军国主义日本与当代日本之间建构一种合法性的承接关系。既然战争本身已经被视为"非正义战争"，那么这种所谓"合法性"就只能建立在阵亡者的"牺牲"之上。在 1952 年 5 月日本政府主办的首次战争纪念仪式——

全国战亡者追悼会上，就能明显感受到当时日本政府就抱着这种态度来认知战争。时任首相吉田茂明确将战亡者称为"和平的基石"。而时任最高法院长官田中耕太郎则说："我国由于过去的战争犯下了重大的失误"，但"对战争的批评与对战亡者的追悼和感谢完全是两回事"，又声称歌颂为国捐躯者的行为符合"人类普遍的道德原理"。[10]

靖国神社便成为这种战争认知与历史叙述方式最重要的图腾。1963 年 10 月，日本全国遗族大会把国家护持靖国神社这一目标列为该组织的首要诉求。此次，还发动了持续多年签名请愿活动。请愿活动的计划书中开宗明义地写道："靖国神社不是推广某种教义的宗派，其祭祀的本质不在于宗教仪式，而是全体国民表达感谢的国民性活动。"[11] 1974 年 5 月，自民党在众议院通过相关法案，但在参议院却未获通过。在国会推动靖国神社再度"国家化"的诉求落空后，遗族会就开始以首相为代表的政

图 69　吉田茂（1878—1967）

吉田茂年幼时，生父竹内纲因投身自由民权运动而遭逮捕，之后被过继给商人吉田健三。1906 年从东京帝国大学法学专业毕业后，进入外务省。曾作为随员参加了巴黎和会，获日本全权代表牧野伸显赏识。之后，他成了牧野的女婿。担任过日本驻奉天总领事、外务省次官等职，支持对华持强硬态度，竭力维护日本在满蒙的所谓"权益"。20 世纪 30 年代末，因竭力反对"德日意三国同盟"而受冷遇。太平洋战争爆发后，秘密参与"对美和平工作"而遭逮捕。战后，却也因此获得美国占领当局信任而在政坛东山再起。1948 年至 1954 年间，任首相并任自民党前身自由党总裁。前首相，第二、第三次安倍晋三内阁副首相麻生太郎为其外孙。

府官僚乃至天皇前往靖国神社参拜为目标。1978 年 10 月，包括东条英机在内的 14 位甲级战犯的灵位以"昭和殉难者"的名义从品川寺被秘密移入靖国神社，之后被媒体曝光。而在此之前，靖国神社已供奉着 1000 余名乙级、丙级战犯。

日本战败投降后至甲级战犯合祀前，共有 9 名首相参拜过靖国神社。其中，次数最多的是佐藤荣作（11 次）。甲级战犯合祀后，至今共有 7 名首相前往参拜过，次数最多的是中曾根康弘（11 次），第二多的是小泉纯一郎（6 次），最近一次首相参拜则是 2013 年的安倍晋三。之后，日本首相改为以私人名义献纳祭品，而非本人亲自参拜。

1985 年 11 月 8 日，围绕靖国神社参拜以及甲级战犯合祀问题，社会党议员土井隆子与安倍晋三的父亲安倍晋太郎在国会曾有过一次针锋相对的辩论。土井指出，如果日本接受东京审判的结果，那么甲级战犯就是国际公认的战争罪犯，普通阵亡者与战犯是不一样的。而在遗族中，也有人反对把被赶往战场的人与命令他们去战争的人合祀在一起。而且从受侵略方的角度来看，则明显违反了（中日）共同声明中不再重复过去的错误并深刻反省的宗旨。对此，安倍晋太郎表示："坦率地说，我也觉得中国方面会如此判断。"但他又辩解道："并不是出于对受刑的战犯表示哀悼，而是在靖国神社一个祭祀战争牺牲者的中心场所，来祈祷和平的立场。"[12]

1995 年日本战败投降五十周年之际，日本著名的文艺评论家加藤典洋评价说，战后日本国民围绕战争历史认知问题呈现出一种极为分裂的状态，近乎"人格分裂"：

> 日本在第二次世界大战的侵略战争即非正义战争中失败
> 了，由此，战后的日本国民陷入了人格分裂状态，分为保守
> 派和革新派；在同日本宪法的关系上，分为了改宪派和护宪
> 派；在关系战争死者的问题上，分为保守派和革新派。属于
> 保守派＝改宪派的人，一直主张"在靖国神社祭奠英灵"；
> 属于革新派＝护宪派的人，一直主张"应该先向在日本的侵
> 略战争中牺牲的亚洲死者谢罪"。两派完全对立，这意味着
> 日本"国民"本来应该有的一个人格分裂为了两个。这是非
> 正义战争战败的结果。[13]

反对者

2004 年 4 月 7 日，福冈地方法院就 2000 余名战争遗属起诉
小泉纯一郎参拜靖国神社违反宪法政教分离原则做出判决，判定
小泉纯一郎作为首相前往参拜的行为违宪，判决词这样写道：

> 在进行本案之参拜时，内阁总理大臣以国家官员的身份
> 参拜靖国神社，引起了其他宗教团体甚至自民党内以及部分
> 内阁成员的强烈反对，在国民中也有相当多的人持反对意
> 见。被告小泉在此情况下进行参拜，足以说明他具有强烈的
> 意志希望以内阁总理大臣的身份去进行参拜，因此本案之参

拜并不是单纯社会习俗类等礼仪性参拜。况且，身为内阁总理大臣，不通过参拜参拜靖国神社，同样能追悼战殁者。

靖国神社仅以战殁者中原日本军中的军事人员、文职人员及准文职人员为合祀对象，那些死于空袭的一般市民则不包括在内。因此，作为宗教设施的靖国神社，不是一个总理大臣追悼第二次世界大战中战殁者的合适场所。

……几十年前就曾有过关于参拜靖国神社是否符合宪法的争论。对于这个问题，历届总理大臣都进行了慎重的研究。在关于前首相中曾根康弘参拜靖国神社的诉讼中，大阪高等法院已指出其参拜行为有违宪嫌疑，而该问题有必要在国民中展开讨论。小泉首相在没有经过充分讨论的情况下参拜靖国神社，并且在其后多次参拜。此次如果法院回避参拜是否违宪这个问题的话，以后很可能发生同样的行为。本法院为尽职责，判定该行为违反宪法。[14]

实际上，日本国内各界对靖国神社地位的争论由来已久。80年前，小泉纯一郎、安倍晋三的前辈、另一位日本首相就曾公开严厉批判靖国神社，号召战后的日本人理应抛弃狭隘的军国主义思想，指出若日本人无法理解导致此次战争失败之真正原因，就无法建设新日本。此人便是战后自民党第二任总裁、第55任内阁总理石桥湛山。1945年10月，他曾发表过一篇在当时"惊世骇俗"的文章《废除靖国神社——知难而发的建议》，成为第一位公开提出废除靖国神社的日本重要政治家。早在战前，石桥便一直以自由主义者自居，反对军国主义扩张，更对"大日本帝国"的野心嗤之以鼻，提倡"小日本主义"即放弃海外殖民地，尊重国际秩序，专注国民福祉。

在这篇文章中，石桥湛山首先从日本近代以来历史认知的角度考证了靖国神社存废与否的问题：

图70　石桥湛山（1884—1973）

> 靖国神社之祭神以明治维新后之战殁者为主，尤其以日清、日俄两次战争以及此次大东亚战争之从军者为多。然而，目下大东亚战争已成为奇耻大辱之战争，几乎招致亡国之祸，且使日清、日俄两役之战果荡然无存。在上述战争中献出生命之人，吾等已不能再为其行祭奠之仪，亦不能称其为"靖国"矣。[15]

石桥湛山认为战败投降的日本人应彻底改变以往军国主义之国民精神，转而"建设真正非武装之和平日本，并将

在为军国主义扩张摇旗呐喊的战前日本新闻界，石桥堪称一股"清流"。自日俄战争后，便一直在《东洋经济新报》上发表反对向中国大陆扩张的主张，提出"小日本主义"，主张应主动放弃海外殖民地，放弃"大日本主义的幻想"。侵华战争爆发后，石桥的《东洋经济新报》几乎成为日本舆论界唯一发表反对、异议文章的媒体，他本人也因此受到当局监视和刁难。战后，他正式进入政界。1956年12月至1957年2月，曾短暂出任过首相，后因病辞职。他积极主张日本应与新中国建立良好的外交关系，生前曾两度访华并与毛泽东、周恩来等中国老一辈领导人会面。

此功德推及世界"。因此就必须放下对所谓战败的怨恨之心，如靖国神社这样会给日本国民留下永久怨恨之纪念场所，无论之前有多重要，亦应彻底清除。在他看来，"靖国神社之废除，绝不应仅止于废除靖国神社也"。换而言之，废除靖国神社，仅仅是清算、改正日本近代以来军国主义精神的第一步而已。此外，石桥对东条英机之类被送上东京审判被告席的战犯，没有丝毫同情。他认为战争责任虽是全民之责任，但那些"'满洲事变'后位居军、官、民之指导地位者，无论其内心作何感想，当难逃重罪"。即便没有盟军组织的法庭审判，"此事亦断不可容忍"。而那些逃脱东京审判，甚至战后仍在日本政局活跃者，他则将其怒骂为"毫不知羞耻"。

然而，石桥湛山废除靖国神社的呼吁，数十年后仍未成为现实。接任石桥湛山成为第 56 任日本首相者正是前首相安倍晋三的外公——岸信介。而岸信介本人也正是石桥湛山所谓"满洲事变后位居军、官、民之指导地位者"，他曾先后担任过伪满洲国工业部部长、东条英机内阁工商大臣。这似乎也能解释为什么如石桥湛山这样彻底废除靖国神社的主张未能在日本政界获得广泛响应和支持。

除了政治圈内的论争外，围绕靖国神社的争论也蔓延到日本社会的各个方面。以宗教界为例。除神道组织外，大部分具有全国影响力的宗教团体对首相参拜靖国神社的行为多持反对态度。例如新日本宗教团体联合会、全日本佛教协会、真宗教团联合、创价学会（自民党长期政治盟友公民党的母体）、日本全国基督教协议会均基于政教分离原则反对首相及阁僚正式参拜靖国神社。

其中，真宗教团联合从 1981 年开始几乎每年都会发表公开信，要求首相及其阁僚中止参拜靖国神社。在 2016 年的抗议信中，真宗教团联合指出"靖国神社既是之前'推行战争的精神支柱'，也是当年'国家神道的中心'"。无视战亡者个人及遗属意愿的强行合祀同样违背信仰自由原则，因此要求首相安倍晋三遵守自己曾做出的"不战誓约"，真正谦虚地吸取惨痛的历史教训，不再参拜靖国神社。[16] 日本全国基督教协议会则专门设立了靖国神社问题委员会，明确反对任何形式的参拜活动，反对将前日军阵亡者称为"英灵"并予以褒奖的政治宣传。[17] 而为对抗日本遗族会的右翼立场而创立日本和平遗族会的前陆军军医小川武满本人就是基督教牧师。早在 1984 年，小川武满就与净土真宗本愿寺派的僧侣共同成立了"反靖国连带会议"，首次建立了跨越宗教界别反对靖国神社的联合组织。

图 71　岸信介（1896—1987）

1936 年任伪满洲国工业部部长，为日本榨取中国东北地区的工矿资源竭尽所能。1940 年任商工省次官。1942 年出任东条英机内阁的商工大臣。1943 年东英机废商工省，另设军需省并亲自兼任大臣。于是，岸信介被迫降级成了军需省副大臣，因此与东条有了嫌隙。1944 年与东条冲突逐渐公开化。战后，作为战争罪嫌犯曾被关押在巢鸭监狱，但未遭起诉。1948 年获释后，重返日本政坛。1954 年任民主党干事长，次年转任新成立的自由民主党干事长。1956 年进入石桥内阁任外务大臣。石桥因病辞职后，就开始代理首相之职。任内强行通过新修订的《日美安保条约》，被称为"昭和之妖"。他胞弟佐藤荣作亦曾为首相（1964—1972），而佐藤也曾是日本历史上任职时间最长的首相之一，执政时间达 7 年 8 个月，仅次于安倍晋三。安倍晋三为其外孙。

至于甲级战犯合祀一事，即便在日本国会内部也都有过激烈争论，甚至也曾谈及天皇本人对靖国神社取何种态度。在1974年5月的国会辩论中，社会党议员野田哲指出，天皇或首相"前往参拜那些加害者们合祀在一起的神社并表示歉意，这仍旧反映出对第二次世界大战中行为的容许，给那些加害者发了免罪符"。同时他还追问如果天皇知晓甲级战犯被合祀，是否还会前往参拜。[18]

　　"二战"后，昭和天皇曾8次参拜靖国神社，但1978年合祀甲级战犯后就不再前往参拜。根据日本宫内厅长官富田朝彦的笔记，昭和天皇本人曾对1966年靖国神社时任宫司筑波藤麿在收到厚生省含有甲级战犯的祭祀名录后拒绝合祀的做法表示赞同："我曾听说，有段时期一些人提出要合祭甲级战犯，甚至包括松冈和白鸟①，好在筑波对此谨慎处理。"而昭和天皇对1978年10月把东条英机等14名甲级战犯移入靖国神社合祀的做法则感到非常不满："松平的儿子怎么想的，松平强烈希望和平，我觉得儿子太不懂父亲的心了"，"所以，我在那以后就不去参拜了，那是我的真正想法"。[19]日本当今上皇明仁及天皇德仁则从未参拜过靖国神社，其余皇族成员也均未前往过。不过，即便昭和天皇在合祀后再未前往参拜靖国神社，但之前的参拜是否合理呢？或许这才是真正值得探究的。

---

① 即前外务大臣松冈洋友与驻意大利大使白鸟敏夫，两人都是三国轴心同盟的积极推动者。战后均被列为甲级战犯。

围绕靖国神社的争论，其实也是围绕如何认识战争的争论。在日本相当多关于战争的历史著作中，总是倾向于从策略的角度来反思战争，似乎这只是一个"技术问题"。当代日本沉渣泛起的修正主义史学家，热衷讨论的是战争合理性问题，却几乎从不触及战争正义性的讨论。在这种语境中，"战争责任"已被悄悄转换成"战败责任"。

靖国史观

1945 年 9 月 4 日至 5 日，日本国会召开了第 88 次临时会议。日本著名历史学家、被称为近现代日本军事史开拓者的藤原彰将这次会议称为"追究战败责任的会议"：

> ……会议内容并不是追究日本政府发动和进行战争的责任，而是追究日本战败的责任。在这次会议上，下村宏陆军大臣做了报告，就日本陆军的责任向国民道歉和谢罪……但是，这仅仅是反省了陆军的专横擅权和肆意干涉国家政治以及行政事务的责任，并没有触及日本陆军谋划、发动和从事战争的责任。[20]

藤原彰的评价点出了战后日本对战争历史认知的基本局限之所在。之后，负责收拾残局的币原喜重郎内阁曾计划成立所谓"大东亚战争调查委员会"，希望"找出战败的原因以及真相，是为了将来不再重复这种重大过失"。不过，该机构调查之目的究竟是在于反思长久以来日本军国主义对外扩张的思想根源，还是追究个别领导人的政治责任，又或只是对政策的检讨，均无明确定论。1946 年 7 月，联合国军最高司令部叫停了该委员会的相关活动。当时，苏联与英国代表均认为，追究战争责任与审判战犯是国际军事法庭（即东京审判法庭）的职责，因此日本政府的战争调查委员会是否必要值得怀疑，同时也担心它"可能会沦为将这场战争正当化的工具"。从这段插曲，不难看出自战败后日本政府就更执着于探究"战败原因"，而非认真思考日本所担负的"战争责任"。在战后日本，原本应督促全民共同反省的"战争责任"被转换为政治领导人的"战败责任"。[21]

在此背景下，军国主义时代日本最大的问题不在于发动战争，而在于输掉了战争。换言之，"反战败"的讨论替换了"反战争"的反省。于是，东京审判并未促使日本人了解和接受他们过去所犯的错误，反而让日本社会滋生出一种忿忿不平的情绪。战后，日本右翼的民族主义者与历史修正主义将承认侵略战争的历史态度称为"东京审判历史观"或"自虐史观"，便是这种情绪的集中体现。这类历史认知直接继承于发动战争者们的说辞，进而形成了一套与"东京审判历史观"对抗的"靖国史观"。东京审判期间，盟军检察官们曾质问东条英机，"作为《巴黎非战公约》《九国条约》签署国的日本，为何在"满洲事变"期间完全没有尊重中国的主权和领土完整？"东条回答称："我们并没有不尊重中国的主权。'满洲事变'也好，'支那事变'也好，乃至之后发生的对美战争，从日本的立场而言，都是为了自卫。我们并不想侵占别国的领土，但为了日本的生存，需要粮食、石油与其他原料物资。日本被人卡着脖子，所以才进行了战争。"所谓"靖国史观"的基本逻辑便来于此。

东条英机的言论至今仍是广大日本右翼最典型的历史认知与历史记忆。在靖国神社的游就馆中的展览将日本近代以来的所有战争都描绘成为日本为了自存发展而不得不进行的"正义战争"。既然如此，包括东条英机在内被远东国际法庭裁定为"战犯"而被处决者，当然也是"为国捐躯"的"英灵"，而应被参拜纪念。

这类历史认知在战后日本社会的蔓延程度往往超乎外界的想象，即便持中立立场的学者也会在有意无意间为其"背书"。例如日本著名史学家秦郁彦就认为应该由日本法官来对甲级战犯进行审判，而盟国主导的东京审判反而"洗清了被告的'罪行'，把他们变成了烈士"。至于日本法庭有何依据对这些身为前国家领导人的战犯提起公诉，秦郁彦的回答非常值得思量："因为他们发动了一场明知会输的战争。"这似乎是在暗示如果打赢，这些战犯似乎就没有被审判的理由了。来自荷兰日本史学者伊恩·布鲁玛曾对这个答案曾揶揄道："这就好像打输了'一战'的德国理应把兴登堡和鲁登道夫两位将军送上法庭。"接着，他又指出："日本和德国发动战争不论是在记忆上还是在事实上，都有了本质的区别。"相当多日本人都以负面印象来对待东京审判的结果，即使他们对那些战犯并无多少同情。1948年，当他们在广播里听到法庭宣判时，都会以一种伤感且无奈耸耸肩，潜台词似乎是：谁让咱们吃了败仗呢。[22] 于是，包括甲级战犯在内的死者、阵亡者都成为承担"战败责任"的"牺牲者"，因此理应被供奉在靖国神社里接受参拜。对于大部分日本右翼来说，也正是基于这种逻辑来看待那场八十年前的战争。又如中曾根内阁的文部大臣藤尾正行曾公开宣称的那样：那些抱怨日本美化侵略历史的国家不也干过那种事情吗？世界史不就是一部侵略史、战争史吗？

图 72　靖国神社游就馆的入口处，当时正在举行所谓
"大东亚战争七十周年特展"

资料来源：作者摄（2015 年 6 月）。

　　　　　　　　　暴走军国：近代日本的战争记忆

2013 年 12 月 26 日，安倍晋三在参拜靖国神社后发表了一篇名为《实现永久和平的誓言》的讲话。讲话中，安倍如此说道："我们的和平与繁荣是建立在他们牺牲宝贵生命的基础之上的。"这套说辞无疑是"参考"了当年小泉纯一郎参拜靖国神社时的言论。在这前后两位日本首相看来，靖国神社供奉的战犯与其他国家各自尊崇的英烈并无区别。他去靖国神社参拜，正如美国总统会去阿灵顿公墓悼念为国捐躯者一样，不应被外人所指责。但凡坚持去靖国神社参拜的日本政客，都会如安倍一样有意掩盖其"战争神社"的根本性质，以这类说辞来包装"靖国史观"。

"崇高的牺牲"

2013 年 12 月，根据右翼作家百田尚树同名小说改编的电影《永远的 0》（永遠の 0）在 430 家影院上映。这部描绘"二战"日军飞行员故事的电影，连续八周占据日本全国票房榜第一位，观影人次达 700 万，累计票房收入达到 86 亿日元。12 月 31 日，安倍晋三带着母亲、夫人一同去电影院欣赏这部电影。事后，接受媒体访问时，安倍甚至表示这部电影让他感动落泪。而 5 天前，他刚刚身着大礼服在日本遗族会主要领导人成员的注视下，参拜了靖国神社。

在《永远的 0》（永遠の 0）这部电影中，主人公佐伯健太郎本是一位生活浑浑噩噩的社会青年，在得知外公宫部久藏死于"二战"末的神风特攻作战后，就开始调查宫部的战争经历。在最初的调查中，佐伯健太郎发现自己的外公虽然是一位技术高超的飞行员，却被不少战友叱责为懦夫。最终，他发现了真相：宫部逃避战斗的行为是为了能够活着回到家人身旁。在生命的最后一刻，宫部却选择加入神风特攻队，怀着守护家人之心，驾驶着零式战斗机撞向了美军航母。在这部让安倍晋三热泪盈眶的电影中，最后一幕让许多观众印象深刻：参加"神风特攻队"的宫部，驾驶零式战机飞翔在今日东京市区的上空。通过这一幕现实与想象嫁接的场景，同样在表达与"靖国史观"类似的战争认知——旧日本帝国军人的"牺牲"换来了当今日本的先进与繁荣。

换言之，在这种历史观构建的语境中，战后日本的社会复兴与经济发展并非是得益于和平主义、言论自由以及民主政治改革，反倒是拜军国主义战争所赐。这不由让人想起 2002 年 4 月 21 日小泉纯一郎第二次以首相身份参拜靖国神社后曾对媒体发表的"感想"：

> 我参拜的目的在于对那些在我国的历史上，自明治维新后，被迫告别亲人，为祖国献出生命的人们表示衷心的哀悼。我认为今天日本的和平与繁荣是建立在许多战殁者崇高牺牲的基础上。将来还将继续守护和平，尤其是继续坚持不战誓言，不让战争的灾难再次重演。那些牺牲者是国民最大追悼对象，因此参拜长久以来已成为众多国民中心的场所靖国神社，献上哀悼是非常自然的事情。[23]

在之后多个场合，小泉都多次重复过所谓"崇高牺牲"的说法。依照这类说法的逻辑，战后日本的"和平繁荣"是建立在包括甲级战犯、靖国神社中供奉战殁者在内的所谓"牺牲"之上的。而这种论调的最危险之处在于隐晦地将日本的侵略战争正当化了，并且在潜移默化间塑造着今天日本人的历史观。如果日本战后的"和平繁荣"是由军人战死换来的，那么战死就变成了为实现"和平繁荣"而必须付出的代价。于是，当年的对外战争本身也就同样被赋予了正当性。[24]

2013 年 12 月 26 日，安倍晋三参拜靖国神社后也曾发表过类似言论：

> 今天我参拜了靖国神社，向那些为国而战牺牲了宝贵生命的英灵表达哀悼之意与尊崇之情，同时祈祷冥福，愿他们的在天之灵安息。此外，我也参拜了祭奠在战争中遇难后不被合祀在靖国神社的国内外人士的镇灵社。我在对英灵合掌的同时，咀嚼回味了日本今日来之不易的和平。日本现在的和平与繁荣，并不仅由活在今日的人们缔造，还有那些祈祷着心爱妻儿的幸福、思念着养育了自己的父母、倒在战场上的人们。我们的和平与繁荣正是建立在他们牺牲宝贵生命的基础之上。[25]

在《永远的 0》中，主角宫部久藏看似是一位迫于无奈而参战的飞行员，但依旧为他主动选择成为"神风特攻队"的行为披

图73　《永远的0》电影海报

　　《永远的0》原著小说发行量亦高达450万册，而作者百田尚树为安倍晋三的重要幕僚与支持者。2014年，在为另一位日本极端右翼政治人物、前航空自卫队幕僚长田母神俊雄竞选东京都知事助选时，百田尚树公开否认南京大屠杀，称其为虚构。此外，他也多次质疑东京审判，主张日本"重建军队"。《永远的0》电影上映后，日本著名动画导演宫崎骏曾公开批评此片"右倾""捏造战争神话"。

　　上了一层异常浪漫主义、英雄主义的外衣。同时，通过对所谓家庭意识的强调来悄悄操弄当代观众的战争认知与史观——通过对宫部久藏家族之爱的刻画，来将侵略战争美化成为一场为了保卫家人而不得不进行的战争。最典型的一个例子就是故事中设置过这样一个情节：一群年轻人聚餐时谈及神风特攻队的话题，有人

图 74　靖国神社正殿旁神风特攻队飞行员的纪念铜像

资料来源：作者摄（2015 年 6 月）。

议论"当年的神风特攻队跟如今自杀式恐怖分子都是一回事，都是被洗脑了"。结果，主人公佐伯健太郎拍案而起，予以反驳："不一样！特攻队目标是航母，而航母是武器，和对平民进行无差别袭击的自爆恐怖分子完全不一样！"于是，在《永远的 0》为观众构建的语境中，神风特攻队成为军国日本英雄主义的实践者。2014 年，美国海军协会（United States Naval Institute）撰文批评《永远的 0》："没有说明战争究竟是如何爆发的，却将日本侵略者描写成了被害者乃至殉道者。"

不同于电影中悲壮、唯美的叙述方式，所谓"神风特攻队"出击前的场景往往是绝望和癫狂的。名义上，特攻队是自愿报名的，但实际情况则根本不容选择，"依自己的意愿讲出'不愿去'需要极大的勇气，在当时的情况下是不可能的。等于是被绑去的。虽说有特工都是出于自愿的说法，但策划特攻的人是清楚这种状况才如此提议的"[27]。1995 年，时 86 岁的幸存老兵春日武熊曾这样回忆神风特攻队出击前夜的情况：

> 在大厅，他们举行了告别宴会，青年学生军官喝着冰冷的清酒。一些人浅酌，一些人狂饮。整个大厅一片混乱。一些人用刀刺破灯泡。一些人打烂窗户，还有的人撕破桌布。空气中充斥了军歌和骂声。当有人狂叫时，其他人则大声附和。这是他们生命的最后一晚。他们想念父母的面容和形象，以及恋人的面容和微笑，是向未婚妻一次悲哀的告别——所有人像走马灯一样在他们头脑中闪过。虽然明早他们就要为日本帝国和天皇牺牲自己宝贵的生命，但他们的痛苦不安找不到合适的言辞来表达——有的把头埋在桌上，有的在写遗嘱，有的握拳沉思，有的离开大厅，有的狂舞打碎了花瓶。明早他们将带着太阳头带起飞。但是，这幅全然的绝望景象很难被报道。[28]

在"靖国史观"中，这类细节都无一例外地"过滤"和"剔除"了，转而将所谓"忠君爱国"的热情强加在每一个阵亡者身上，而那些沦为侵略战争真正牺牲者——被侵略国家的受害者则完全被无视了。参拜靖国神社也好，推崇右翼文艺作品也罢，都是一种对战后日本和平宪法体制的"蚕食"。正如日本思想史大家子安宣邦所说的那样："我认为，在全球性暴力冲突频发的21世纪的现在，这一国家不再祭祀的宪法原则与国家不再战的宪法原则，作为拒绝互相杀戮的人们建立的国家原则，具有重大意义。但是，这两大宪法原则均遭到日本政府的蚕食，现在正在被明目张胆地践踏。"[29]

在任何一个寻常的日子，靖国神社里都不乏前来参拜的普通

图 75　靖国神社在任何一个寻常的日子，都不乏普通市民前来参拜

资料来源：作者摄（2015 年 6 月）。

市民。实事求是地说，并非每一个去靖国神社的日本人都是狂热的右翼分子，很可能只是把这座"战争神社"当作一座普通神社来祈求生活平安又或是凭吊前人。正如在"御灵祭"夜市里赏灯、游玩的那些市民。他们在有意无意间似乎对七十年前那场战争的历史记忆，采取了某种暧昧乃至遗忘的态度。而这正是"靖国神社"式历史观在日本继续滋生的土壤。

本章文献注释：

1 转引自高桥哲哉著，黄东兰、孙江等译校：《靖国问题》，生活·读书·新知三联书店 2007 年版，第 174—175 页。

2 村上重良著，聂长振译：《国家神道》，商务印书馆 1992 年版，第 5 页。

3 村上重良著，聂长振译：《国家神道》，商务印书馆 1992 年版，第 5 页。

4 转引自高桥哲哉著，黄东兰、孙江等译校：《靖国问题》，生活·读书·新知三联书店 2007 年版，第 15 页。

5 高桥哲哉著，黄东兰、孙江等译校：《靖国问题》，生活·读书·新知三联书店 2007 年版，第 138—139 页。

6 保阪正康著，冯玮、陆旭译：《昭和时代见证录（1926—1989）：不可忘却的见证者》，东方出版中心 2008 年版，第 178—179 页。

7 保阪正康著，冯玮、陆旭译：《昭和时代见证录（1926—1989）：不可忘却的见证者》，东方出版中心 2008 年版，第 178 页。

8 子安宣邦著，董炳月译：《国家与祭祀》，生活·读书·新知三联书店 2007 年版，第 7—8 页。

9 吉田茂著，孔凡、张文译：《激荡的百年史——我们的果断措施和奇迹般的转变》，世界知识出版社 1983 年版，第 41 页。

10 波多野澄雄著，马静译：《国家与历史——战后日本的历史问题》，社会科学文献出版社 2016 年版，第 61 页。

11 波多野澄雄著，马静译：《国家与历史——战后日本的历史问题》，社会科学文献出版社 2016 年版，第 63 页。

12 转引自波多野澄雄著，马静译：《国家与历史——战后日本的历史问题》，社会科学文献出版社 2016 年版，第 72 页。

13 高桥哲哉著，黄东兰、孙江等译校：《靖国问题》，生活·读书·新知三联书店 2007 年版，第 109—111 页。

14 「損害賠償請求事件 平成 16 年 4 月 7 日」，福岡地方裁判所第 5 民事部，事件番号：平成 13（ワ）3932，http：//www. courts. go. jp/app/hanrei \ \ _ jp/detail4? id ＝8141。

15 转引自高桥哲哉著，黄东兰、孙江等译校：《靖国问题》，生活·读书·新知三联书店 2007 年版，第 174—175 页。

16 「首相·閣僚による靖国神社公式参拝中止要請のこと 2016 年（平成 28 年）8 月 2 日」，真宗教団連合ホームページ，http：//www. shin. gr. jp/activity/offer/doc/20160802. html。

17 「日本キリスト教協議会（NCC）靖国神社問題委員会の歩みとその意義について」，日本キリスト教協議会ホームページ，http：//ncc-j. org/modules/pico4/index. php? content _ id＝8。

18 波多野澄雄著，马静译：《国家与历史——战后日本的历史问题》，社会科学文献出版社 2016 年版，第 65 页。

19 「昭和天皇、A 級戦犯靖国合祀に不快感」，『日本経済新聞』，2006 年 7

月 20 日朝刊 1 面。

20 藤原彰著，林晓光译：《中国战线从军记》，四川人民出版社 2005 年版，第 189 页。

21 波多野澄雄著，马静译：《国家与历史——战后日本的历史问题》，社会科学文献出版社 2016 年版，第 5—8 页。

22 伊恩·布鲁玛著，倪韬译：《罪孽的报应：德国和日本的战争记忆》，广西师范大学出版社 2016 年版，第 164—168 页。

23 「靖国神社参拝に関する所感 平成 12 年 4 月 21 日」，首相官邸ホームページ，http：//www. kantei. go. jp/jp/koizumispeech/2002/04/21shokan. html。

24 高桥哲哉著，徐曼译：《国家与牺牲》，社会科学文献出版社 2008 年版，第 58—59 页。

25 "安倍内阁总理大臣的讲话～实现永久和平的誓言～"，首相官邸ホームページ，http：//www. kantei. go. jp/cn/96 _ abe/statement/201312/26danwa. html。

26 US Naval Institute Staff, "Through Japanese Eye: World War II in Japanese Cinema"（2014－04－14），https://news. usni. org/2014/04/14/japanese-eyes-world-war-ii-japanese-cinema.

27 鹤见俊辅、上野千鹤子、小熊英二

著，邱静译：《战争留下了什么——战后一代的鹤见俊辅访谈》，北京大学出版社 2015 年版，第 79 页。

28 转引自大贯惠美子著，石峰译：《神风特攻队、樱花与民族主义——日本历史上美学的军国主义化》，商务印书馆 2016 年版，第 208—209 页

29 子安宣邦著，董炳月译：《国家与祭祀》，生活·读书·新知三联书店 2007 年版，第 127 页。

暴走军国：近代日本的战争记忆

第八章

"我不希望战争的历史被人遗忘"

一边怀着对失败的恐惧浑身发抖，同时又闭上双眼直冲上去。若说他们渴望战争，此言不假；若说他们想要避免战争，却又不由自主般选择了战争的道路，这或许才是事实的真相。

——丸山真男

1945 年 3 月 10 日凌晨 0 点刚过，凄厉刺耳的防空警报响彻东京的上空，探照灯在城市各处亮了起来。大约 6 个多小时前，325 架 B-29"超级堡垒"重型轰炸机分别从美军在塞班和关岛的基地起飞，计划对东京东北部市区进行大规模的燃烧弹轰炸。之所以选择使用燃烧弹，正是考虑到日本城市大多以木质建筑为主。此外，为了提高轰炸效率并发挥更大杀伤力，第 21 轰炸司令部司令官柯蒂斯·李梅（Curtis LeMay）特别要求美军轰炸机投弹高度降到 2000 米、甚至更低的 1500 米。

　　美军的谋划取得了惊人的"战果"，几乎一举摧毁了浅草、深川、本所、城东、下谷等地的所有地面建筑，多达 41 平方公里的城区被夷为平地，造成超过 10 万人死亡。死亡人数之多创下"二战"期间单次空袭之最，死伤规模不仅超过了广岛、长崎的原子弹袭击，还超过了之前的关东大地震。用曾任肯尼迪政府国防部长、时任轰炸效果分析师的麦克纳拉马拉（Robert McNamara）的话来说："东京是座木造城市，我们那晚烧光了它！"

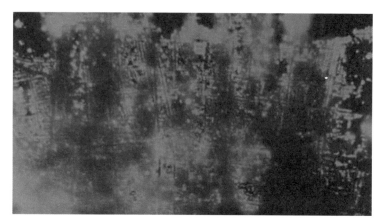

图76 1945年3月10日美军侦察机拍下的东京轰炸实况照片

2018年，时已88岁高龄、著名的"昭和史"研究者、作家半藤一利对1945年3月10日凌晨惊心动魄的场景依旧记忆犹新。那一年他不到15岁：

> 我现在还记得很清楚。那是3月的事情，4月我就要上初三了。我的母亲、妹妹和弟弟在1943年底就被疏散到了母亲的老家茨城，所以只有我和父亲留在墨田区的家里，当年那儿还叫'向岛区'。空袭中，我们被猛烈的大火和浓烟追赶着，不得不左冲右突，拼命地逃，尽可能跑得越远越好。空袭后，我在回家的路上看到了许多烧焦的尸体，到处都是黑色的东西，看起来已经没了人形。当我看着他们的时候，脑中却空空如也。我觉得自己已经麻木了。对此，我至今记忆犹新。[1]

躲过一劫的半藤一利之后去了父亲老家长冈避难，并在那里迎来了战争的结束，战后，他考上了东京大学文学部。毕业后，进入《文艺春秋》杂志社，从事编辑工作，历任《周刊文春》《文艺春秋》总编。20世纪50年代初刚进《文艺春秋》当编辑时，身为流行作家却对历史考据颇有兴趣的坂口安吾曾对这位年轻的责任编辑说了那么一句话："历史书上也都有谎言哦。"这句漫不经心的调侃，激发了半藤对探究历史写作的浓厚兴趣，并将视野聚焦于所谓"昭和史"。此后的几十年间，无论是作为编辑、还是作者，半藤都一直希望探究日本究竟是如何沦为军国主义国家并走上了近乎毁灭的战争之路的。

"历史侦探"的养成

1964年，半藤一利的名作《日本最漫长的一天》问世。当时在《文艺春秋》内部有一个研究太平洋战争的小组。1963年时，这个小组曾邀请"宫城事件"的相关人士开过一个座谈会。在听过当事人讲述当时惊心动魄的场面后，半藤就决心要尽可能完整"复原"战败前这一天究竟发生了什么。为此，他花了大半年的时间先后采访了80名相关人士，最终写出了《日本最漫长的一天》。这部描述日本无条件投降前"宫城事件"的纪实作品大受欢迎，先后在1967年、2015年被改编为同名电影，甚至成为几代日本人所谓"终战"记忆的重要组成部分。此后他围绕

"二战"开展一系列长期的采访与口述记录，甚至由于要和旧日本军人打交道，而被笑称是"编辑部里怀念战争的保守派"。实际上，半藤怀念的当然不是侵略战争，相反是带着检讨战争的心理去记录史料。

20世纪90年代，从《文艺春秋》主编的位置上退休，半藤开始专心于著书立说，《诺门坎之夏》《珍珠港》《燃烧的海洋》《圣断：昭和天皇与铃木贯太郎》《幕末史》以及《昭和史》等一系列通俗的历史作品都大获成功，不仅拥有巨大的销量，也在一定程度上形塑了当代日本人对那段岁月的历史认知。于是，但凡战后日本近现代史的大众书写，半藤一利肯定是绕不开的一位。《朝日新闻》对他的评价是"以《日本最漫长的一天》等著作照亮了昭和的历史"。

尽管著作等身，但用半藤自己的话说："我在《文艺春秋》一直干到64岁，所以我内心自我定位还是编辑。"而编辑的身份，也确实与他的写作特点有着密不可分的关系。半藤一利曾讲过司马辽太郎和松本清张是他最欣赏的两位作家。从辈分上来说，司马辽太郎和松本清张算是他的前辈和大前辈。司马辽太郎一直是以知名历史小说家示人，而其最受欢迎的作品除了日本战国题材外，就多以日本近现代史为主，例如《坂本龙马》《新选组血风录》《坂上之云》等。对于面对着战后一片废墟的日本人来说，司马对明治时代的浪漫化描写提供了一种精神上的慰藉。一个看似向上的明治时代是对战前黯淡昭和时代的一种反衬，也给了战后日本社会一种复兴的"希望感"。司马辽太郎的这类历

　　　　　　　暴走军国：近代日本的战争记忆

史小说对日本造成了巨大的影响，以至于有所谓"司马史观"的说法。而松本清张除了社会派推理小说大师的美誉外，也是一位非学院派的历史研究者。在创作数以百计的推理作品之余，他还有《日本的黑雾》《昭和史发掘》这类介于非虚构和历史调查之间的严肃作品，甚至编有多卷本的《"二二六事件"研究资料集》。作为编辑的半藤一利曾长期与两位作家合作共事，他的历史写作也不难看出两者的影响，即试图以近乎小说的叙事技巧来进行深入浅出的讲述。

尽管从未创作历史小说，但他很喜欢在自己的作品中对历史情境中相关人物的心态变化进行描述，也敢于对历史人物的行为动机进行推测。用他自己的话来说，这是一种"历史侦探"的技艺。这种特点也让他的研究区别于传统学院派的专业学术研究。尽管如此，半藤一利的研究也绝非天马行空的历史想象，而是建立在大量口述访谈和文献调查的基础之上。战后七十余年的时间里，半藤采访了数以百计的历史人物，从政客、军人一直到文人、社会活动家，积累了数百万字的采访手记。同时，他也是首屈一指的史料挖掘者，执着于各类文献的辨析，并对专业学术界的动态保持着关注。他的创作心得则是："也许没有小说那么有趣，但你如果好好地去写历史，就会发现历史当然也会是一个个好故事。"

历史学家秦郁彦对他有这样的评价："我们在大学时代就认识，毕业后则成了编辑和作者的关系。"对于半藤的成就，他则如此评价："半藤先生以通俗易懂的方式拆解了昭和时代的漫长

图 77　半藤一利于自家书库

历史，辅之以与学术研究相通的方式，因此获得了很高的评价。这背后是严谨的事实调查方法，是深邃宽广的历史观。他是真正的昭和史权威。"调查记者出身的昭和史写作者保阪正康则将其称为"用脚来书写近代史的先驱"："半藤先生看重实证的研究方法，通过采访那个时代的当事人、翻阅文献了解当时人们的战争感受，用事实来说话。"

为何走上战争之路

2013 年，在与著名动画导演宫崎骏的对谈中，半藤一利曾如此评价近代以来日本为何走上侵略与战争之路："我常想，日本是一个无险可守的国家。从明治时代开始，日本人就在思考应

图 78　半藤一利/宫崎骏『半藤一利と宫崎骏の腰ぬけ愛国談義』（半藤一利与宫崎骏：怯懦者的爱国之言），文春ジブリ文庫，2013 年

该如何保卫这个国家。"半藤认为在帝国主义思潮的裹挟下，这种缺乏战略安全感的危机意识最终衍生出"进攻是最好防御"的结果。于是，喊着"自卫"口号的日本人一次次开始了对外的侵略战争。[2]

　　例如"卢沟桥事变"之初，一方面，日本陆军参谋总部第一部部长石原莞尔最初下达的命令是所谓"不扩大主义"，但结果却因为杉山元、武藤章等"强硬派"军官的要挟，又改为同意"增兵"。另一方面，时任首相近卫文麿为了通过表现强硬立场来稳固自己的政治地位，不仅放任军部暴走，甚至还制定更为激进的侵华政策。在偷袭珍珠港前，类似的一幕也一再重演过。时任海军军令部总长永野修身曾对部下如此阐述他的想法："失去战机的日本，可能会在一个不利的时期迎来战争。既然早晚都要发动的战争，那还不如在稍有胜算的时候进行。"这种近乎鲁莽的决策逻辑近乎赌博，而实际备战过程却又极不充分。在海军省负责后勤保障工作的保科善四郎中将就曾对当时的草率感到震惊："开战准备实在是太随便了，如同痴人说梦。作战计划就是纸上谈兵，甚至把一些根本无法使用的武器装备都写在上面。"[3]

战前的政治学者南原繁在得知日军偷袭珍珠港的当天吟诵了一首短歌："超乎人之常识，亦超乎学问，日本起而与世界为敌。"东京大学历史学教授加藤阳子将这类言行乃至决策揶揄为"闹别扭"式的赌气之举，并进一步指出当时日本决策层又或是社会各界的精英们往往都未意识到导致日本陷入这种困境的根本原因是近代以来的扩张主义、冒险主义以及毫无预见性的国际观。即便有意识到此间困境与危险者，却又选择随波逐流，无人愿意挺身负责。

较之纳粹德国，日本近代以来对外侵略过程似乎更像是一种"集体无意识"选择的结果。用战后日本最有影响力的思想史学者丸山真男的话来说便是"日本帝国主义走向末日在宏观上有其一以贯之的历史必然性，但越从微观的角度来观察就越会发现这其实是一大堆不合理决断累积而成的结果",还将此过程比喻为冲向风车的堂吉诃德:"一边怀着对失败的恐惧浑身发抖,同时又闭上双眼直冲上去。若说他们渴望战争,此言不假;若说他们想要避免战争,却又不由自主般选择了战争的道路,这或许才是事实的真相。"[4]

除了决策层军国主义的意识形态与侵略野心将日本推向战争深渊外,半藤一利也非常坦率地指出:"从事后结果来看,若想要这场战争成为可能,那就一定要得到日本民众的支持才行。所谓仅仅因为高层的操弄,国民们就被驱使的说法,不过是投众所好的神话而已。"换言之,半藤认为除了高层领导外,当年的每一个普通的日本人都应为战争的扩大和蔓延负责,正是因为选择盲从与视而不见,才最终放任国家的自我毁灭。将战争责任仅局限于几位高层领导人的说法,只是"战后日本人选择视而不见的自我心理欺骗而已"。[5]

"忠义之士多误国"

除了"历史侦探"这个名号外,曾有出版界的知名编辑把半藤叫作"历史的口传者"。他本人对这称号也很受用,身为"历史的口传者"责任便是"对事实和表达做出选择"。又或许是因为这类童年经历的影响,相较拘泥于客观中立形式的学者,编辑出身的半藤一利从不回避自己的现实关怀,甚至将之视为写作的主要动力。

熟悉半藤一利的人都知道他最爱重复的一句口头禅是"没有比冥顽不化的'爱国者'对国家更有害的了"。这句口头禅的典故出自幕末时代的风云人物胜海舟，原话大意为"忠义之士多误国"。作为江户幕府晚期最重要的军事将领，胜海舟在面临明治政府军包围江户时，力压幕府军内的主战派，选择和谈，最终使江户无血开城。虽然因"献城"而受指责，但在客观上让作为日本最大都市的江户免于战火，为明治维新的发展保存了经济基础，同时也让德川家族能得以延续。在半藤看来，当时若依照主战派的意见与政府军血战到底，无论最终结果如何，对日本之后的发展都是弊大于利的。

　　在自己的童年阶段，半藤一利就见识了各式各样"冥顽不化的爱国者"，有可能是他的老师，也可能是他同学的家长又或是家里的亲戚。在遭遇东京大轰炸前，半藤曾从他父亲那儿听到不少与当时日本军国主义氛围迥异的言论："我父亲是一个奇怪的长辈，当时会说'这场战争会输''日本会成为四等国家'这类话。"年幼的半藤也就学起父亲的言论，出了家门也会这么讲，结果经常被周遭的孩子、大人揍得鼻青脸肿。

　　然而在日本无条件投降后，半藤却又目睹了滑稽的另一幕："战争时期那些打过我的人，战后摇身一变就成了'民主人士'。当年他们已都是成年人，包括学校里的老师。从那儿以后，我就意识到人真是不可信，尤其是那些爱大声喊口号的人。"或许是因为有此经历，他对重走军国主义道路的蛛丝马迹保持高度警惕，并对政治宣传始终持怀疑态度。

2016 年，新安保法正式实施，日本正式解禁所谓"集体自卫权"。半藤一利曾在媒体上撰文将此举与 1938 年的《国家总动员法》相提并论，并以他标志性的生动笔调讲述了 1938 年《总动员法》在国会审议时的一则"逸闻"：其间，陆军省负责说明的佐藤贤了中佐曾在众议院上公开呵斥进行质询的议员并要求议员统统"闭嘴"。这件"闭嘴"事件日后也被视为军部"暴走"的象征性事件。

战后，半藤一利就曾采访过佐藤贤了。面对半藤抛来的问题，他依旧在为当年在国会的咆哮辩护。半藤自然记下了佐藤的说辞："听着！我们这些肩负着保卫国家的人始终相信，没有强

图 79　1938 年 3 月 4 日《朝日新闻》对"闭嘴事件"的报道

大的准备，就没有和平！没有这种准备的和平只是一种幻觉。你看，总动员法正是这种准备的必要条件。"

引用完佐藤这句话后，半藤接着写道：

> 目前日本政坛关于修改宪法解释、允许集体自卫权的争论，让我莫名地想起佐藤贤了的话。那些"负责国防"的人似乎总爱强调"危机四伏"式的论调，想把日本变成一个能去打仗的"正常大国"。集体自卫权会给这个国家带来的危险，就像《总动员法》会给国家带来的毁灭一样。我始终无法摆脱这种感觉。[6]

侵略战争记忆如何被书写

毋庸讳言，战争记忆的传承是艰难的，对侵略战争中所犯下罪行的记忆尤为艰难。无条件投降仅仅十余年后，快速复兴的日本不仅走出了战败阴霾，甚至创造了空前的经济繁荣。1964 年东京奥运会、1970 年大阪世博会预告了所谓"日本第一"的泡沫时代的来临。对那些曾经历过战争的日本人来说，他们更容易满足于经济上的富足，转而对战争历史采取一种回避和遗忘的态度。而对相当多战后出生的日本人来说，则更急迫地想去重构日本在战后国家社会的合法性与权威性，其表现形式可以是对所谓"正常国家"的向往以及历史修正主义的兴起。

自 20 世纪 90 年代以来，随着日本国内保守化、右翼化思潮渐成主流，战后长期形成的、基于历史反省的战争记忆范式也开始受到动摇。

历史学家山田郎曾经将日本国内流行的各种"历史修正主义"论调总结为九类：一、"日本并不是唯一实施过殖民统治和侵略的国家"；二、"战争与殖民统治也有好的一面"；三、"所谓'大东亚战争'为亚洲国家独立解放发挥了作用"；四、"日本对英美开战是迫不得已"；五、"日本虽发动战争但并无领土野心"；六、"若承认是侵略战争，那么阵亡者岂非犬死"；七、"昭和时代的战争或许是非正义的，但明治时代的战争则值得称颂"；八、"不应该用现在的价值观去评判当时的作为"；九、"战前和战时的事情与战后出生者无关"。

面对前述这些论调，山田郎认为大部分其实都是"伪问题"，在学术研究领域便能轻松予以辩驳。其中，最棘手的论调乃第九类，即"战前和战时的事情与战后出生者无关"。由于并未经历过那场战争，他们便"自然而然"地拒绝承担那场战争的责任以及促进和解的义务。山田郎也不得不承认：让现在日本的年轻人来为他们出生之前的战争负责，似乎确实有不近情理的地方。不过，他进一步指出"对没有经过战争的一代"来说，他们承担战争责任的方式便是去了解战争的历史，清楚地明白先人所犯下的"错误"和"罪行"。[7]

如何让"对没有经过战争的一代"去了解历史、去传递战争记忆的问题，已成为一个无法回避的难题。在半藤一利看来，由于学术界与主流大众之间存在着极大隔阂，导致各种自说自话式或阴谋论式历史叙述抢夺了民众的注意力。抽象化的理论提炼与自我封闭的学术评价体系，在客观上导致大众历史认知与学术界最新成果之间愈行愈远，乃至彼此隔绝。而他想扮演的恰好是一个"翻译"的角色，即将各类经过严谨考据的结论从"学术语言"转译成"大众语言"。而在学术界，亦有如加藤阳子这样的一流学者愿意与他一道推进这类"翻译"工作，努力地向年轻一代的日本人传递正确的战争记忆，希望能将专家学者们积累的知识与成果转换为日本社会所能理解并接受的普遍共识。

面对修正主义的历史观又或是为日本发动战争寻找借口的论调，半藤一利曾在《珍珠港》一书的后记中通过反驳过所谓"罗斯福诱导日本开战"的阴谋论，来表达其不屑："很多日本人津津乐道的'罗斯福阴谋论'与本作无缘。这种说法的建构，包含了相当丰富的想象力，当作故事或许有趣，甚至充满戏剧化，而且会让书大卖。但是，它与历史的真实走向，则相去甚远。"[8]

2020 年 1 月 12 日，几乎一直坚持写作到生命最后一刻的半藤一利被发现倒在东京世田谷区的家中，不幸去世，享年 90 岁。[9]当被记者问及对半藤去世的感想时，身为他的同事及好友的保阪正康如此评价道："半藤先生亲身经历过东京大空袭，但他从前却不爱多谈。"

对此，半藤一利曾这样回应道：

不想让人以为这是我个人的特殊经历。但自 15 年前起，我却开始谈论这个话题，因为经历那个时代的人都快死了……

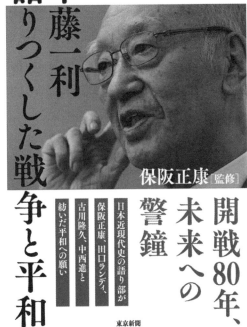

图80 2021年12月，半藤一利的遗作《详论战争与和平》由其好友、著名记者、历史作家保阪正康编辑整理

我不希望战争的历史被人遗忘，因为如今已没有更多人会去谈论那场战争了。[10]

本章文献注释：

1 高橋浩祐【追悼半藤一利さん】「コチコチの愛国者ほど国をダメにする者はいない」若い世代へのメッセージ，『Business Insider Japan』、2021年1月13日，https：//www.businessinsider.jp/post－172709。

2 半藤一利，宮崎駿『半藤一利と宮崎駿の　腰ぬけ愛国談義』、文春ジブリ文庫、2013 年、21—22 頁。

3 NHK スペシャル取材班『日本海軍 400 時間の証言：軍令部参謀たちが語った敗戦』、新潮文庫、2014 年，114 頁。

5 丸山真男著、陈力民译：《现代政治的思想与行动》，商务印书馆 2018 年版，第 87—88 页。

6 半藤一利『「真珠湾」の日』、文藝春秋、2001 年、409—410 頁。

7 高橋浩祐【追悼半藤一利さん】「コチコチの愛国者ほど国をダメにする者はいない」若い世代へのメッセージ，『Business Insider Japan』、2021 年 1 月 13 日，https：//www.businessinsider.jp/post-172709。

8 山田郎著、李海译：《日本如何面对历史》，人民出版社 2014 年版，第 133—134 页。

9 半藤一利『「真珠湾」の日』、文藝春秋、2001 年、410—411 頁。

10 「作家の半藤一利さん死去、90 歳」、『朝日新聞』、2021 年 1 月 13 日，https：//www.asahi.com/articles/ASP1F05BPP1DUCLV00L.html。

第九章

新时代的 "二二六"

　　鲁思·本尼迪克特曾写过一本有名的著作《菊与刀》，描写的正是日本历史的特色："菊花"与"刀剑"。大战结束后，这两者之间已经完全失衡。自 1945 年之后，"刀剑"被彻底忽略了。我的理想便是重建这种平衡。我会通过我的文学和行动来振兴传统的武士道。[1]

——三岛由纪夫

2013 年 4 月 28 日，日本前首相安倍晋三在"主权恢复仪式"上带领众人高呼三声"天皇陛下万岁"。这在当时，一度成为中、韩等亚洲国家媒体的关注热点，在日本国内也引起了极大争议。在"二战"战败前的日本，三呼"天皇陛下万岁"的行为有着专门称谓即所谓"万岁三唱"。早在明治十二年（1879 年），当时正在如火如荼推动明治维新的日本政府，就发布过《万岁三唱令》。此后，"天皇陛下万岁"的呼号就几乎成为日本帝国臣民在各类场合中都不可或缺的重要仪式。"二战"结束后，虽然日本政客们会在选举成功后的集会等场合高呼"万岁"，但几乎不会再喊出"天皇陛下万岁"这样军国主义色彩浓厚的口号。若看过当天的新闻录像，便不难发现，即便是当时的天皇明仁自己都似乎被这阵突如其来的"万岁"声吓了一跳，面露惊愕尴尬的神色。

　　事后，在野党批评安倍"万岁三唱"的行为是在政治上利用天皇。内阁官房长官菅义伟在记者招待会上辩解称：这是天皇及皇后退席时"自然而然就发生了"，并没有计划过。² 无论是有意安排，还是所谓"自然而然"，各方评价安倍此举时，都毫无例外地认为这是在为推动日本修改"和平宪法"制造舆论。关于"修宪"与否的讨论，绝非始于安倍，而是日本战后政治的核心问题。这不仅是政客们捞取选票的政治噱头，更是渗透在各类不同层面、领域的全民社会话题。在诸如小说、电影乃至动漫这样的流行文化中，同样能发现大量作品涉及此类问题的讨论。持不同立场者，都用各自的方式来重新诠释、建构有关战争的记忆。

"我可以傲慢吗?"

1990 年 5 月 29 日，日本国会众议院正就海湾战争、向海外维和行动派遣自卫队等问题展开讨论。新当选的公明党众议员山口纳津男好不容易获得了一个向内阁成员质询的机会，当时刚38 岁的山口纳津男向防卫厅①长官石川要三询问政府防卫政策方向等相关事宜。提问时，他提到了一部当时正在连载的流行漫画《沉默的舰队》，并询问石川要三是否读过此作。³

这部漫画故事的情节发端于日本政府秘密违背宪法与"非核

---

① 防卫厅正式成立于 1954 年，前身为警察预备队本部。有鉴于担心被外界认为"军国主义复兴"，日本政府长期维持防卫厅的政治地位。2001 年，精简中央行政单位时，内阁下属 22 个省厅合并为 12 个，原有低于省的二级厅要么归并，要么升级为省，唯有防卫厅维持不变。2006 年安倍晋三第一次组阁后，防卫厅被升级为省，防卫厅长官也就变成了如今的防卫大臣。

图 81　《沉默的舰队》由讲谈社出版

漫画原作共 32 卷，总销量超过 700 万册。漫画连载结束后，曾改编为同名动画与游戏。

三原则"①，在美国的协助下建造一艘先进的核潜艇——"海蝙蝠"号。这个当年看来异想天开的剧情，在如今看来却非常有现实性。在 2021 年 9 月的自民党总裁选举中，"核潜艇问题"果真

① 1967 年，日本政府公开宣布"非核武三原则"，即"不拥有、不生产、不引进"任何核武器，并将之立为基本国策。不过，自 20 世纪 90 年代后，日本国内开始出现主张日本拥有核武器的论调。

成为候选人辩论的重要议题之一。

而在故事中，"海蝙蝠"号在试航时发生叛乱，舰长海江田四郎宣布以潜艇为国土成立独立国家"大和"。不顾日本政府的要求，美军马上开始围剿该舰，甚至不惜攻击为"大和"提供庇护的海上自卫队。最终，海江田四郎指挥"大和"击败了美国舰队后，宣布要求全世界各国废除核武器并朝联合国所在地纽约驶去。这部充满幻想与日本民族自豪感的军事漫画在日本获得热捧，以至于连国会讨论时都会被提及，被认为是解读国际政治关系的"优良范本"。如果说《沉默的舰队》只是触及日本的国际角色定位以及对美国表达强烈不信任，那么川口开治的另一部作品《次元舰队》则更露骨地把主题引向了对"二战"历史的重新评价以及战争记忆的敏感领域。

依照如今的标准，2000 年开始连载的《次元舰队》算是一部标准的穿越作品。故事背景是日本海上自卫队地神盾级巡洋舰"未来"号横跨太平洋，前往南美参加维和任务。途径中途岛海域时遭遇迷雾，然后就稀里糊涂地穿越到了 1942 年 6 月的中途岛战场，见证了日军舰队遭遇的毁灭性失败。穿越历史后，"未来"号上的自卫队官兵分裂为两派，一派认为不应干预历史，另一派则希望通过主动介入战争来改变日本战败的命运。围绕这个矛盾，这艘来自平成年间的现代化军舰开始了在昭和初年与美军的战斗。素有"漫画迷"名声的前首相麻生太郎曾对这部漫画大加赞赏。凭借《沉默的舰队》与《次元舰队》的成功，川口开治本人更是被不少日本右翼分子称为"新时代的三岛由纪夫"。而另一位可与之呼应的右翼漫画家则是小林善纪。

小林善纪作品如《傲慢主义宣言》《战争论》《台湾论》等，都被视为日本新民族主义的坐标，同时也在文化市场上大行其道，销量可观。其中，最知名与流行的作品当属 1992 年推出的《傲慢主义宣言》。这部堪称漫画版《日本可以说不》①的作品，最核心观点就是日本理应变得更傲慢；只有这样，才能让日本摆脱外国意识形态的束缚与外国利益的摆布。每一卷的结尾处，主人公都用小林故乡九州的博多方言，得意洋洋地反问读者："我可以傲慢吗？"⁴

小林善纪不仅是一位通过漫画传达右翼史观的作者，更是一位"身体力行者"，曾加入新历史教科书编撰委员会，为右翼修正主义史观主导的新历史教科书添砖加瓦。②小林的右翼民族主义观点是全面排他性的，不仅反对中、韩等亚洲国家对日本侵略历史的批评，同样也视美国为真正的"侵略者"，鼓吹反美主义。在他的漫画中，日本政府领导人都是一群只晓得向外国势力跪地求饶的懦夫，而真正的英雄是那些驾驶战机撞向敌舰的神风特攻队员。小林宣称，日本媒体和知识界都被左翼占据，他们被"马克思主义和理想主义"所蒙蔽，与日本真正的敌人同榻而眠。战

---

① 1989 年，右翼作家石原慎太郎与索尼公司创始人盛田昭夫合作，围绕当时日本经济、政治领域的热点问题，撰写发表了《日本可以说不》，竭力鼓吹民族主义，主张日本敢于对包括美国在内的外国势力说不。此书英文版在美国正式出版时，删除了所有盛田昭夫的文章。据说是索尼公司担心，那会影响日本在美国的公共形象。

② 1995 年前后，以东京大学教授藤冈信胜为首的右翼学者开始了新一轮修正主义诗学的高潮，以推翻所谓"自虐史观"为目标，公然宣传所谓"大东亚战争合法论"。2000 年 4 月，"新历史教科书编撰会"向日本文部省提交并要求进行审定。次年 2 月，文部省予以审定通过。

后几十年间，它们热衷于给大众洗脑，让日本人对"二战"期间日本军人的"英雄行为"感到羞耻和内疚。小林善纪在《傲慢主义宣言》第一卷的结尾处用露骨的语言煽动道：

> 事实是"大东亚战争"是一首史诗，表达了我们日本精神的所有内涵。我们早期胜利等奇迹，我们可怕而心酸的撤退，这是日本的战争！我们单独和西方作战；我们有义务战斗；当战争结束的时候，世界的地图改变了——帝国主义的时代结束了。
>
> 我可以傲慢一点吗？重评这场战争的日子总会到来，那是人们会发现事实的真相：这是人类最美丽、最残酷、最高贵的战争。让我们向那些英勇的英雄表示感谢。为了我们，他们超越自己。[5]

配合这段文字出现了一副零式战斗机准备撞向美国军舰的画面。而在第二卷结尾处，主人公来到靖国神社参拜并肆意地发表议论：

> 我认为自己是有力量的人。我毕竟是个傲慢者。可我能为死者做些什么呢？我必须竭尽全力，以报答他们做出的牺牲。我可以傲慢吗？日本是众神的国家，那些死者的国家。我们永远不能忘记这个传统，不能忘记我们从哪儿来的、我们是谁。[6]

小林善纪的言论与作品代表着当代日本的一股历史修正主义思潮：在政治上，官员们公然参拜靖国神社；在军事上，推动解禁集体自卫权；在文化上，则是努力重构日本人的战争记忆。2001 年 7 月某天，来自美国的日本文化研究者约翰·内森目睹了一场《傲慢主义宣言》忠实读者的聚会。聚会结束后，内森采访了一位读者，想了解他为什么会成为小林的粉丝。这位 40 多岁、工薪族打扮的日本中年人告诉内森："他表达了我的想法。我心里一直在慢慢积累的东西，在他的漫画里得到了表达。都说我们以前坏，这一点我无法接受。每个国家的历史上都有亮点和阴影。我希望小泉去参拜靖国神社。"而另一个穿着自卫队制服的读者，则回答："他给了我们作为日本人的信心，这一点我很喜欢。"[7]

虽不能说这种思想已成为当代日本社会的主流，但持相似观点者越来越多已是不争的事实。日本和平安全保障研究所理事长、京都大学教授高坂正尧不无担忧地表示："我担心现在的日本民族主义会变得狂热。民族主义失去历史的自觉和方向是相当恐怖的……到那个时候，对日本的外交会只有一种声音，即称日本外交过于软弱，是'跪在地上搞外交'。没有比这更可怕的了。"[8]

三岛由纪夫的"二二六"

1970 年 11 月 25 日，作家三岛由纪夫带领由自己创建准民兵组织"盾会"的成员闯入了位于东京市谷驻屯地的陆上自卫队东部总监部,以"献宝刀鉴赏"为名骗出了总监益田兼利陆将①会面,在办公室将其绑架并扣为人质。随后,45 岁的三岛由纪夫穿着自己设计的"盾会"制服,站在总监办公室外的阳台上对着八百多名闻讯赶来的自卫队员发表演说,号召自卫队跟他一道发动"起义",推翻日本政府,废除战后制定的宪法,建立真正的天皇制国家:

> 你们好好听一听!静一静!请安静!请听我讲!一个男人正在赌上生命和你们讲话,好吗!现在各位日本人,如果在这里不站出来的话,自卫队如果不在此时挺身而出的话,宪法就不可能改变。各位只会永远地、仅仅成为美国人的军队而已啊!
>
> 我已经等了四年了!等自卫队挺身而出的日子……已经等了四年了……我再等……最后的三十分钟。各位是武士吧?!如果是武士的话,为何要保护将自己否定的宪法呢?!为何要为了将各位否定的宪法,向着将各位否定的宪法低头呢?!只要这宪法还在,各位是永远无法得到救赎的啊!

听着三岛由纪夫慷慨激昂表演的自卫队员面面相觑,用一种疑惑的眼光望着手舞足蹈的大作家,甚至有人爆发出笑声,如同

---

① 陆将为自卫队的军衔,大致相当于其他国家的中将军衔,之下为"将补",即少将。

是在看一出滑稽戏。面对如此反应的自卫队员，三岛大失所望，退回了总监办公室，依照日本武士传统进行了切腹。这一幕几乎是他于1966年自导自演电影《忧国》的现实重现。在这部电影中，三岛扮演的陆军中尉因未能追随战友参加"二二六事件"而选择切腹自杀。仅仅四年后，三岛在自卫队基地重演了这一幕。

实际上，三岛由纪夫对"二二六事件"确实有一种特殊的向往。1960年"安保斗争"① 渐渐平息后，他就写了短篇小说《忧国》。三岛本人对这篇短篇小说评价极高，称其代表了"我写作中最好的特点"，甚至可以代表他所有的文学作品。这篇小说中对切腹过程的细致描写充满了三岛式的唯美笔调：

> 鲜血流淌得到处都是。中尉跪坐着，侵染在自己的血泊中，现在，他蜷曲身子的坐姿似乎是漫不经心的，一只手轻垂在地板上。房间里充满了生生的血味。众位垂着头，再次呕吐起来，这几乎只能从他耸动肩膀的动作中看得出来。胁差的刀锋现在已被汹涌而出的肠子推了回来，刀头完全展露出来，但仍然紧紧握在中尉的右手中。中尉聚集最后、所有的力气，猛的抬起头，扳正了角度；实在很难想象会有比此时的中尉更英雄的形象了。[9]

---

① 1959年，美国与日本开始就修改《美日安全保障条约》展开协商，新版条约加入集体自卫权等极具争议的条款。当时日本国内左翼群众与团体曾在全国范围内掀起大规模的抗议活动。1960年5月，占据众议院多数的自民党强行通过了该条约。条约通过后，时任首相岸信介（安倍晋三的外公）也宣布内阁总辞。

在《忧国》出版后，三岛由纪夫又以"二二六"为主题创作了两部作品，分别是舞台剧《十日菊》与文体上很难归类的《英灵之歌》。他自己曾将《忧国》《十日菊》和《英灵之声》称为"'二二六'三部曲"。为此，三岛还专门阐述自己的创作动机并抒发他对"日本精神"与"天皇制度"的美学向往：

当"二二六事件"以失败告终时，必定有伟大的神性也随之死亡了。当时我只有 11 岁，是最敏感的年龄，感到了神的死亡带有某种恐怖无比的残酷性，而这与我 11 岁那年的直觉偏偏联系起来，我能凭这直觉知道即将发生什么……

他们（叛军）的纯净、勇敢、青春和死亡都令他们名副其实地成为神话般的英雄人物；而他们的失败和死亡则又令这些军人成为这个现实世界里的真正的英雄……

昭和时代被战败分为两个时期，像我这样经历过战前和战后时代的人始终无法摆脱一种强烈冲动：要找到真正的历史连贯性以及这种一致性的理论基础。不管是不是对于作家，这种冲动都似乎是非常自然的事情。天皇本人宣读的《人间宣言》远远比限定"天皇只是国家象征"的新宪法更重要。我就被迫走到不得不描写"二二六事件"之阴影的境地；于是，我提笔写了《英灵之声》。看起来，要在这样的语境中提及"美学"似乎有点怪异。但是我突然明白，我的美学确实有坚实的、磐石般的基础，那便是——天皇制度。[10]

在另一次接受《每日周刊》记者采访时，三岛由纪夫进一步阐述过他对"二二六事件"的感想：

> 我支持那些年轻军官，这是无须多说的，虽然他们被称为叛军。为此，对于那些公然谴责他们是叛军的始作俑者，我是相当愤恨的。年轻军官们的所作所为很可能带来昭和维新、昭和复国，那都是基于拯救国家信仰的行动。但是它们却被称为叛乱者，就因为围绕在天皇身旁的那些怯懦无能、整天哭哭啼啼、胆小而又迂腐的庸臣陷害了他们。结果就是，天皇也需为此负责，因为他接受了这种说法。天皇理应尽其所能，向那些坟墓中的死者传达神旨，恢复他们被剥夺的光荣，终止对他们的不敬。[11]

切腹时，三岛头上绑着"七生报国"① 的头带，手握短刀自行切腹。他的追随者、盾会成员随即依照切腹传统拔刀为其"介错"（即斩首）。然而，不同于《忧国》中对切腹唯美主义的悲壮描写，三岛由纪夫自己切腹自杀的过程则近乎一场残酷的闹剧。三岛的追随者们连砍三次皆未能斩断其头颅。巨痛难忍的三岛倒

---

① "七生报国"出典自日本历史上的著名战役凑川之战。是役，后醍醐天皇与足利尊氏的决战，天皇军大将楠木正成拒绝招降自杀。死前，楠木正成的遗言"我愿七生转世报效国家"也就成了所谓"七生报国"的由来。"二战"期间，"七生报国"成了日军知名的口号之一，也是神风特攻队的训令。

图82　三岛由纪夫（1925—1970)

　　三岛由纪夫可能是 20 世纪日本文坛最具争议的角色。一方面他是战后日本文学的领军人物，曾三次获得诺贝尔文学奖提名；另一方面又是一位激进的民族主义者，并希望将传统武士道精神与他个人的美学观念合二为一。20 世纪 60年代后，三岛开始积极投身各类政治运动，甚至组建私人准军事社团"盾会"，主张废除和平宪法，重新组建日本的武装力量并以武士道精神指导之。生前与前东京都知事、当时还只是文艺青年的石原慎太郎相熟，曾称赞石原 1955 年出版的处女作《太阳的季节》为"震撼人心的战后小说"。在上演自杀闹剧前，三岛与日本政界、自卫队高层均保持密切往来。最明显的例子就是他可以借用自卫队的资源来训练自己的私人社团"盾会"。事后，时任首相佐藤荣作把三岛称为"疯子"，却对他在政界的深厚人脉只字不提。

在血泊上低吼："再砍！用力再砍！"第四次"介错"时才终于成功。在发动这次的劫持与自杀行动前夕，三岛曾对友人讲过这么一句话："我走上舞台，期待着观众会流泪，可是相反，他们会爆发出阵阵笑声。"[12]当他在市谷基地向年轻的自卫队员慷慨陈词时，所发生的恰恰就是这么一幕。

　　与三岛由纪夫私交甚密的英国记者斯托克斯曾猜想过三岛采取这出行动并自杀的真正动机。他认为：三岛用一种近乎自我催眠的方式，迫使自己相信这种不可思议的剧本真的能够付诸实施。然而，三岛内心深处明白他对自卫队的演说不过是一通废话。三岛的终极目标就是寻死，劫持自卫队将领、煽动自卫队叛乱不过是达到这一目标的手段，以便使寻死的过程充满戏剧张力。三岛心目中的理想范本是 1876 年"神风连之乱"。当时反对"废刀令"的武士手持武士刀袭击了明治政府军在熊本的营地。[13]

　　至于三岛心心念念的天皇制度则是

图 83　在阳台向自卫队发表演说的三岛由纪夫

资料来源：Nationaal Archief, ANP scans（ANP 222）。

一种超越左右翼思潮，也不同于军国主义的古怪存在。在他看来，源自西方的军国主义意识形态玷污了更为神圣的天皇制度。用他自己的话来说就是："在我生命的前二十年，民族主义是由非自然的、极端严苛拘谨的军国主义者所控制的。而过去的二十年里，和平主义思想成了武士道精神的桎梏。"[14] 言下之意，三岛似乎是想创造一种符合日本传统武士道精神的新军国主义意识形态，而非照搬西方国家的陌生概念。同时，他将战后日本的和平状态视为一种背离传统日本精神的"伪善"与"假象"。

三岛由纪夫在自杀前发表演说的同时，还曾朝围观人群撒出印着所谓"檄文"的传单。在传单的结尾处，他写道："有没有挺身去拼死反对这部抽去骨骼的宪法的人？如果有，那么就从现在开始一起奋起反抗，一起赴死吧。我们这些拥有至纯灵魂的人，怀着唤醒男子汉和真正武士道精神的热切期望采取此次行动的。"文中"一起赴死吧"这句话，三岛还特意选择昭和早期的旧假名写法，向"二二六事件"致敬的意思显而易见。

三岛的这个观点影响了相当多当世及后世的日本文艺工作者，即便是在动漫领域亦不例外。除了小林善纪以及顶着"新时代的三岛由纪夫"名号的川口开治等人外，动画导演押井守在他的《机动警察 The Movie II》中，再一次通过对"二二六事件"类的重新演绎来探究"和平假象"背后的日本社会真相。

押井守的"二二六"

1993 年 8 月，知名动画导演押井守的《机动警察 The Movie II》正式上映，这是《机动警察》系列动漫作品的最新一部电影版作品。当年的观众们原本以为这会是一部以机器人大战为主题的动作电影，结果在电影院遭遇了一部二十多年来政治意味最浓重的动画电影。对照近年来日本政治之微妙，此片所隐含意义显得更为突出和值得探究。

影片初时，一支自卫队小队作为联合国维和部队在东南亚某国执行维和行动。但是在行动过程中遭遇了一支敌意武装部队的袭击。碍于自卫队的"自卫原则"，现场指挥官拓植行人禁止部下向对方开火反击，坚持要等到加拿大的支援部队赶到再做应对。在这种进退维谷的情况下，整支自卫队小队几乎遭到了全歼。万般无奈之下，拓植行人最后只得开火，但其座机还是遭到了被击毁的厄运。

对"自卫原则"的认同是战后日本政治与和平宪法最根本的基础之一。然而，在当代日本人眼中，所谓"自卫"的界定也是最难以确定和掌握的。在川口开治的《沉默的舰队》中也有着与之类似的桥段，书中描写的是美国舰队怀疑日本海上自卫队暗中策划与援助叛乱的核潜艇"大和"，于是对日本自卫队发动了攻击。日舰队指挥官随之也陷入了自卫原则的困惑中，只能充满矛盾地命令各舰不得攻击美舰，结果导致重大伤亡。在这两部作品中，自卫原则都似乎变成了一种"紧箍咒"般的约束，不合时宜地套在日本人身上，以至于不得不束手待毙。而这也是如今日本要求废除宪法第九条最直接的原因。这种努力的目标不言自明便是让日本成为一个能够名正言顺使用武装力量的国家，所谓"国家正常化"很大程度上也就是对此而言的。

电影之后的故事突然从一片狼藉的战场转到了几年后的东京。东京湾的一座大桥由于不明爆炸而被摧毁。随后又接连发生了多起涉及自卫队的突发事件，一系列的混乱把东京的局势搅得一团糟，各方谣言四起。一切的幕后主使很有可能就是几年前在东南亚某国执行维和任务后就一直失踪的拓植行人。最后，政府下令把自卫队调入东京首都圈驻守各个关键部门，负责应付可能发生的恶性事件。而作为东京都唯一拥有机器人的警察部队，特车二课也被卷入其中。两位队长后藤喜一和南云忍成为阻止军事政变成功的最后力量，整个故事由此展开。

乍听起来，影片中的故事似乎过于天马行空，但如果联系到日本近代以来"下克上"的政变传统，这些似乎也不是那么不可思议。例如 1970 年 11 月三岛由纪夫号召自卫队以天皇的名义追随他所发动的"起义"。在失败后，他剖腹自杀。虽然整个事件以闹剧的形式开场与收场，但却实实在在地发生了。三岛由纪夫希望以虚幻的所谓"日本精神"来重建战后的日本。但是他或许也明白从过去继承而来的"日本精神"未必就是一种实体，这种精神可能就是虚构的。这很大程度上源于他的美学观念，进而不惜为虚构之物献身。片中拓植行人策划近乎叛乱的行动，其实际动机也可以从这个角度来加以理解。而本片导演押井守所做的就是在这部动画电影中以自己的形式去演绎新时代另一个版本的"二二六事件"的故事。

享誉世界的动画导演宫崎骏曾如此评价此片："这部电影恐怕不仅仅是关于日本自卫队的问题。应该也包括了对东京都的思考以及对战争与和平的思考。"对此，押井守也并不讳言他的创作动机，即"有些政治上的看法，我觉得有必要尽快表达出来"。

而押井守究竟想要表达的是什么呢？

作为一位少年时代积极投身各类左翼社会运动的问题学生，押井守显然对三岛由纪夫新右翼的思想并不认同。他既不想恢复战前军国主义意识形态，也对复兴所谓传统日本精神的理念存疑。诚然，押井守这部电影所触及的主题敏感而又复杂，即日本军事力量的地位问题、日本自我定位的困惑以及所谓"和平假相"。[15]虽然，日本一直在尝试成为所谓的"正常国家"，但是无论在国内还是国外，反对的压力依然是极为巨大的。在片中，自卫队的尴尬很好地反映了这点，一方面努力想成为一种国际间的军事存在，但另一方面却受到一种心理和舆论上的巨大束缚。由此，押井守或许想展现出战后的日本社会是如何的脆弱与不稳定，任何愚蠢的盲动都会招来灾难性的后果。看似远离日常生活的军事主义，随时都可能以某种形式介入社会。

曾在野村证券从业多年的美国经济学家米尔顿·埃兹拉蒂十分尖锐地指出，日本在文化上有一种不确定性。这种鲜明的特征主要是源自日本人对于团体而非个人的强调，以及必须感到团体

图84 押井守（1951—）

在日本动画界，押井守无疑是一个异类。他的作品常以晦涩的思想、冲击力极强的镜头与诡异的气氛而闻名。代表作有《福星小子》《天使之卵》《机动警察》《阿瓦隆》《空中杀手》以及影响了无数科幻作品的《攻壳机动队》系列电影。曾有名言"我的电影有一万名观众就够了"。与宫崎骏亦师亦友，彼此也是辛辣的批判者。他的女婿是日本新生代推理小说家乙一。

中每个成员都应该为一个更大更崇高的目标而努力。[16] 若用日本思想家丸山真男的话来讲就是"日本缺乏思想的坐标轴"[17]。对于战后的日本来说,三岛由纪夫所言"日本精神"的丧失,很大程度上即意味着战后的日本丧失一种能够使全民为之奋斗的目标。其实这种状况对于日本来说并不陌生,在近代的历史上也曾遭遇过。明治维新后,日本的目标便是赶上西方。这在日俄战争后得到了实现。宏伟的夙愿得到了实现,日本的团体文化也就失去了方向。第一次世界大战结束后的 20 世纪 20 年代,对于日本而言是处于另一个十字路口的转折时期,即是转向民主主义道路还是转向法西斯主义道路的关键时刻。那些自封为"爱国者"的下级军官们声称要让日本恢复"一种新的目标感",他们在法西斯主义和军国主义中找到了他们所谓的方向感和目标。"二战"后日本经济迅速复兴,甚至赶上乃至超越了西方。同时跟前次一样,日本再次面临寻找新的共同目标的巨大压力。

在押井守的电影中,特车二课第二小队队长后藤喜一和陆军自卫队特别调查员荒川茂树的对话很大程度上也反应出了当今日本两种思潮的分歧。这两种思潮各自代表着两种不同的目标和方向。后藤并非没有反省战后发展的自觉,但他却不愿意更多涉及这种动摇现实生活的思考,因为这很有可能会导致一种对现状的全盘否定。如今日本右翼的民族主义者们反对宪法的一大理由便是:宪法是美国人强加给日本的,日本需要一部真正由自己制定的宪法。与此同时,他们认为对侵略历史的反省已成为使日本难以成为所谓"正常国家"的精神枷锁。恐怕这也就是荒川口中所谓"罪恶的和平"或右翼口中"和平的假象"的真意。于是，民族主义者们立足于此喊出了"日本的问题日本自己解决"的口号。

在这种逻辑之下，激进者希望通过一次"二二六事件"式的军事政变来传播他们的政治理念，也就不再是天方夜谭。或许这也是押井守所担忧的地方。

往何处去

1989 年，就在日本经济泡沫破灭的前夕，盛田昭夫与石原慎太郎一道写了那本"声名远扬"的《日本可以说不》。仅仅一年后，东京交易所的市值在四天之内狂跌 48%，随之而来的是天价房产的破灭，"日本第一"的黄金时代一去不返。伴随着经济神话的破灭，新一轮的右翼民族主义诉求逐渐抬头。1998 年吹捧日本首相东条英机的电影《自尊》不仅公开上映，甚至还大受欢迎。十余年后，《永远的 0》之类的作品成为流行。这些都是日本新民族主义崛起的一个例证。对所谓"正常国家"的追求似乎逐渐成为日本新的团体目标。在具体方式上，往往表现在两个方面：其一是对于旧皇国时代的怀念，因为那时的日本在政治上是完全独立自主的，以至于可以和西方分庭抗礼；其二则是通过文化上的想象来憧憬未来可能的"正常国家状态"，亦如川口开治和小林善纪等人的作品所描绘的那样。

英语世界最知名的日本研究者约翰·内森把大江健三郎和石

图 85 　《机动警察 The Movie II》DVD 版封面

　　陆上自卫队 90 式坦克与东京都政府大楼被置于一处，暗示了本片的主题与政治隐喻。

　　原慎太郎比喻成日本可能迈向的两个方向："离开一个，偶遇另一个，却让我感到在矛盾的两端来回，而这种矛盾仍将继续困扰着当代的日本生活。"[18]而在押井守的故事里，后藤和荒川则成为两者的化身。至于拓植行人，本质上他和荒川是站在一起的，只是他更加极端和激进乃至不惜发动武装政变。1936 年的"二二六事件"之前，日本处于一个关键的十字路口。数十年后的日本，终究迎来另一次抉择。

对于这个抉择，押井守在片中并没有直接回答。如前文所提到的，押井守保持了一个相当中立的态度。影片中，当东京都宣布进入紧急状态后，全副武装自卫队进入了都市。在黑沉沉的夜幕中，自卫队的坦克与军车在通往首都圈的高速路上排起了漫长的队列，荷枪实弹的士兵在东京的大街上机械地行军，直升机频繁地盘旋于城市的上空。至于市民们，或不满、或吃惊、或兴奋、或熟视无睹、或漠不关心。而自卫队的士兵们站在东京繁荣的街道，面对灯红酒绿的霓虹，瞅着林立的高大建筑群，他们自己似乎也觉得错误地站在了一个不属于自己的地方。的确，对于远离战争的平民乃至军人来说，"和平"似乎是理所当然的东西，如同空气一般合理地存在于人们周围以至于让人们往往忽视了其存在。直到炸弹真的掉下来，人们才往往相信有炸弹。片中一连串大规模的不明袭击事件，几乎把日本推到了战争的边缘。直到那一刻，人们才发现战后日本社会视为理所当然的"和平"原来竟如此脆弱。

押井守在这里处理的手法很巧妙，他既没有批评自卫队的介入，也没有否认出动自卫队情况的必要性，而是讽刺批判了当局拙劣的处理手法。政治家在和平时期的重要性犹胜战时的军人，在押井守看来在现今的日本则尽是些软弱无能的政客。基于此，押井守在影片中把自卫队推入了东京这个城市之中，然后试图告诉日本民众：这就是活生生的军国主义啊！战后日本离军国主义就只有一步之遥！

巧合的是，电影中的这一片段竟然于 2000 年 9 月在现实中得到了重现。2000 年 9 月 3 日，东京都举行了日本战后最大的军事救灾演习——"东京大拯救 2000"（ビッグレスキュー東京2000）。虽然是所谓救灾演习，但是在东京都知事石原慎太郎的安排下动员了 1.8 万名警察以及多达 7100 名自卫队员。更让人难以理解的是，在救灾演习中，陆上自卫队的坦克、装甲车以及武装直升机都统统开进了东京闹市区。这一幕几乎就和押井守电影里的场景一模一样。于是，所谓救灾演习似乎更像是一种莫名其妙的军事游戏。这次演习更成为战后日本军事力量在城市中最具震撼性的一次展示。当时就有评论家形容：演习中石原慎太郎志得意满的表情几乎和当年三岛由纪夫一模一样。

　　在影片接近结尾的时候，荒川告诉后藤必须尽快采取行动阻止拓植行人的叛乱。因为美国政府已经照会日本政府：若再不能

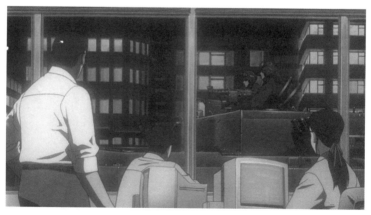

图 86　《机动警察 The Movie II》中驶入东京市区的自卫队坦克

　　　　　　　　　　　　暴走军国：近代日本的战争记忆

图 87 "东京大拯救 2000"演习中，驶入东京银座的自卫队装甲车

资料来源:「有事法制: 討論と報告 有事法制の危険性とデタラメ」（第 7 号 2002/05/26), http: //www. jca. apc. org/stopUSwar/Japanmilitarism/yuji\ \ _ review7. htm。

控制事态，驻日美军将进行干预，而第 7 舰队主力已经起锚驶向东京湾。这无疑反映出一种隐藏于当代日本人内心更深层的忧虑，即对美国的不信任以及对自身独立地位的不自信乃至怀疑。在川口开治的《沉默的舰队》中，这也是贯彻始终的主题。这种交织着不信任、不自信的疑惑感，也成为推动日本继续追求"独立自主"地位的原动力。然而，这些情节和三岛由纪夫的"日本精神"一样，孜孜以求的"独立自主"也是显得如此虚幻。

当代日本右翼民族主义者们叫嚷着成为"正常国家"，谋求"国家真正独立"时，似乎都没有深入考虑过"什么样的独立才是真正的独立"。让日本成为战前那样的军国主义国家，就是实现所谓"独立"吗？对这个问题，晚年的竹内好有过反省：战前日本把所谓"富国强兵"作为最高理想，"日本成了东洋唯一的'独立国家'。至少在梦醒之前，日本人就是这么想的。然而，梦醒之后发现，这是何等虚幻而可怜的梦想！"[19]他转而认为问题的核心不是在于形式和表面上的国家独立，而是在于独立的主权是否能被用来实现国家的理想。

约翰·内森曾把大江健三郎和石原慎太郎比喻成未来日本可能面临的两个发展方向，东京大学教授小森阳一也认为日本战后的体制已经达到了一个临界点，一个决定何去何从的分水岭。至于押井守本人的态度则显得比较悲观。2002 年一部以《机动警察》花絮故事为主题的外传短片在日本推出。押井守为这部走搞笑路线的外传选择了一首风格独特的主题歌，歌手用可爱软萌嗓音唱出的却是这样的歌词：

> ……诱导式侦讯，滥用职权，权力和秩序，金属弹头，即使做过头，也是正当防卫。逮捕，拘提，悄悄释放，适用宪法第 9 条，结果两人全都遭传讯，司法解剖，无期徒刑。

再回到 1993 年的那部《机动警察 The Movie II》。影片的最后，在幕后主使柘植行人被特车二课逮捕后，有人好奇地问这位主谋："为什么发动这一连串攻击行动，让全国陷入战争般的混乱，是为了什么目的？那么多人为此而死去，你不觉得你该去自杀吗？"柘植行人面无表情淡淡地说了一句全片最发人深省的话，

"只是为了看到这个城市的未来而已。"

本章文献注释：

1 转引自亨利·斯各特·斯托克斯著，于是译：《美与暴裂：三岛由纪夫的生与死》，上海书店出版社 2007 年版，第 283 页。

2「主権回復式典の万歳三唱」，『日本経済新聞』，2013/4/30，http://www.nikkei. com/article/DGXNASFS3001L_Q3A430C1EB1000/。

3「第 118 回国会　内閣委員会　第 7 号　平成二年五月二十九日（火曜日）」，国会会議録検索システム、http://kokkai. ndl. go. jp/SENTAKU/syugiin/118/0020/11805290020007a. html。

4 约翰·内森著，周小进、胡应坚译校：《无约束的日本》，华东师范大学出版社 2005 年版，第 118—119 页。

5 转引自约翰·内森著，周小进、胡应坚译校：《无约束的日本》，华东师范大学出版社 2005 年版，第 123—124 页。

6 转引自约翰·内森著，周小进、胡应坚译校：《无约束的日本》，华东师范大学出版社 2005 年版，第 125 页。

7 约翰·内森著，周小进、胡应坚译校：《无约束的日本》，华东师范大学出版社 2005 年版，第 128—129 页。

8 保阪正康著，冯玮、陆旭译：《昭和时代见证录（1926—1989）：不可忘却的见证者》，东方出版中心 2008 年版，第 94—95 页。

9 转引自亨利·斯各特·斯托克斯著，于是译：《美与暴裂：三岛由纪夫的生与死》，上海书店出版社 2007 年版，第 238 页。

10 转引自亨利·斯各特·斯托克斯著，于是译：《美与暴裂：三岛由纪夫的生与死》，上海书店出版社 2007 年版，第 341—342 页。

11 亨利·斯各特·斯托克斯著，于是译：《美与暴裂：三岛由纪夫的生与死》，上海书店出版社 2007 年版，第 326 页。

12 亨利·斯各特·斯托克斯著，于是译：《美与暴裂：三岛由纪夫的生与死》，上海书店出版社 2007 年版，第 326 页。

13 亨利·斯各特·斯托克斯著，于是译：《美与暴裂：三岛由纪夫的生与死》，上海书店出版社 2007 年版，第 285—286 页。

14 亨利·斯各特·斯托克斯著，于是译：《美与暴裂：三岛由纪夫的生与

死》，上海书店出版社 2007 年版，
第 282 页。

15 押井守『Tokyo War』，エンターブ
レイン，2005 年。

16 米尔顿·埃兹拉蒂著，沈建译：《变
——日本变局将如何改变世界均
势》，新华出版社 2003 年版，第
235 页。

17 丸山真男著，区建英、刘岳兵译：
《日本的思想》，北京三联书店 2009
年版，第 3 页。

18 约翰·内森著，周小进、胡应坚译
校：《无约束的日本》，华东师范大
学出版社 2005 年版，第 235 页。

19《国家的独立和理想》，竹内好著，
孙歌编，李东冰、赵京华、孙歌译：
《近代的超克》，生活·读书·新知
三联书店 2004 年版，第 281 页。

暴走军国：近代日本的战争记忆

后 记

2016 年初秋，去了一次长崎。

步出长崎和平纪念馆，只需两三分钟的路程就能走到"原爆点遗址"。遗址北面是长崎和平公园，公园内有包括中国在内世界各国赠送的和平纪念雕像。当我走出公园时，忽然听到从远方传来一阵阵年轻人的欢呼呐喊声。顺着声音望去，原来欢呼声来自山脚下的长崎县立棒球场。或许是一时兴起，15 分钟后我已经坐在球场的观众席上，眼前则是正在努力比赛的热血高中生。不过，自己的思绪似乎还停留在原子弹爆炸前后的历史之中。七十多年前，这群棒球少年的祖父们、曾祖父们或许正在太平洋、东南亚或中国战场作战，杀戮或被杀。正是这场愈演愈烈的对外侵略战争，最终把日本引向了军国主义的歧途，也将长崎这座城市送上了原子弹的祭坛。

2010 年时，曾在学术刊物《历史研究》上发表一篇名为《"九一八事变"前后苏联对日政策再解读》的论文。实际上，从 2008 年以后，我已开始大量接触与日本对外战争与侵略扩张有关的历史文献，之后出于研究兴趣就继续搜集、整理这方面的资料。近代日本是如何一步步走上军国主义侵略扩张的道路？哪些事件成为日本滑向军国主义的关键事件？在这些关键事件中，有哪些历史细节值得进一步探究？当今日本社会又是如何记忆那段历史的？这些都是我所关注的问题，同样也是本书所讨论的话题。

某种意义上，这本"小书"算是近些年自己围绕这些问题的阅史笔记，对"近代日本军国主义"这个庞大主题的一些浅薄思考，供各位读者大家参考。本书中既附有大量档案文献的剪影，也有本人近年在各地历史遗址游历时拍摄的实地照片，希望借此能让读者们对文中所描述的种种历史细节有更直观的认知。而每章后所附的注释文献除了是为符合学术规范外，也是希望借此为感兴趣的读者留下进一步了解相关领域史料与研究成果的线索。

最近三四年间受邀在《上海书评》《文汇学人》《东方瞭望周刊》等报刊以及"澎湃新闻"这样的网络媒体上撰文数十篇。在这个过程中，我逐渐明确了本书的主题，整理了相关资料并提炼了观点。因此，要特别感谢这些曾向我约稿的媒体友人，他们是郑诗亮、李纯一、黄琳、饶佳荣、马睿等。在成书过程中，有幸得到众多良师益友的指正与帮助，我必须向朱敏洁、徐静波、李若愚、贾敏、徐晓青、梁顺龙、天海无尽、新井田朗子、龙浩磊（Jon Howlett）等表示由衷的谢意。当然，我还要感谢上海图书馆（上海科学技术情报研究所）领导、同事的帮助与指导。

最后，我还要向章骞先生表达由衷的谢意。章骞生前曾是我的同事，亦是志同道合的好友。章先生早年留学日本，精通各国军事史尤其是海军史，更是国内该领域首屈一指的专业研究者。他在撰写《无畏之海：第一次世界大战海战全史》《不列颠太阳下的美国海权之路》的过程中都曾将初稿拿给我，希望听取我的修改意见。在与他的讨论过程中，我总是受益良多，获得了不少写作灵感。如今，却再也没有机会请他来指正我的这本"小书"了。这或许是我在本书写作过程中最大的遗憾之一。

希望这位瓦尔哈拉勇士的灵魂能继续在北海的波涛上无畏飞翔。

沙青青
2017 年盛夏于上海图书馆

增订版说明

　　如何面对过往侵略战争的历史事实，长久以来一直是困扰着日本社会的难题。战争记忆所承载的不仅是如何认识战争历史的问题，还关涉日本近代化道路的合法性的问题。战后快速复兴及随之而来的经济繁荣与作为战败国的侵略历史彼此冲突，以至于自豪感、耻辱感、愧疚感等各种社会情绪撕裂着战后日本的历史叙述，加剧了日本社会对战争记忆和历史叙述模式的分裂状态。20 世纪 90 年代以来，随着日本国内历史修正主义兴起、右倾化越来越明显，这种趋势亦反映在对待侵略战争历史的记忆与叙述方式上。这本小书正是希望围绕此问题展开一些浅显的讨论并为关注此问题者梳理出一条大致的历史脉络，进而提供一些新的观察角度。

　　自拙作于 2018 年 5 月初版发行后，承蒙读者诸君厚爱，得到了不少正面的评价，同时也收获了一些批评与指正。在 2019 年由香港中和出版公司推出的繁体中文版中，对一些因编校等环节产生的错漏予以了订正。在今次增订版中，不仅进行了新一轮的修订，还增补了约万余字的新内容。此外，根据最近五年来相关历史文献披露、研究及出版的最新动态，对引用史料、参考文献等进行了更新。

沙青青

2024 年秋于上海

主要参考资料

未刊档案

日文

「太政官無号達　軍人勅諭」，国立公文書館。

「帝国議会に於ける陸軍大臣の 2 月 26 日事件の説明に関する」，防衛省防衛研究所。

「支那事変　臨命巻 1　第 400 号〜408 号」，防衛省防衛研究所。

「作命及訓示綴　昭和 20 年 8 月 10 日〜21 年 5 月 1 日」，防衛省防衛研究所。

「江蘇省南京市　十字街及興衛和平門及下關附近戦闘詳報　第 11 号自昭和 12 年 12 月 12 日至昭和 12 年 12 月 13 日　歩兵第 38 連隊」，防衛省防衛研究所。

「最高戦争指導会議に関する綴　其 2　昭和 20 年 4 月 16 日〜9 月 2 日」，防衛省防衛研究所。

「伏時の真相　鈴木内閣書記官長迫水久常手記」，防衛省防衛研究所。

「第 34 号/最近ノ国内情勢/2・26 事件後ノ軍部及民間ノ情勢」，外務省外交史料館。

「支那事変関係一件　第十二巻　帝国政府声明」，外務省外交史料館。

英文

"TSUJI, MASANOBU VOL. 1－3", Special Collection (Nazi War Crimes Disclosure Act), Central Intelligence Agency.

"Japanese Forces Operating in China in Support of both Nationalist and Communist Armies", Foreign office files, The National Archives (UK).

中文

《蒋介石日记》（手稿），斯坦福大学胡佛研究所档案馆藏。

已刊档案

日文

宮内庁『昭和天皇実録　第七―第九』、東京書籍、2016 年。

中文

日本防卫厅研究所战史室编纂，天津市政协编译委员会译校：《日本军国主义侵
　　华资料长编——〈大本营陆军部〉摘译》，四川人民出版社 1987 年版。

刘志超、关捷编：《争夺与国难：甲辰日俄战争》，辽海出版社 1999 年版。

陈锡祺主编：《孙中山年谱长编》，中华书局 2003 年版。

《总顾问演讲纪要》（1938 年 3 月 3 日），《德国军事总顾问法肯豪森演讲纪要
　　（上、下）》，《民国档案》，2005 年第 1、2 期。

英文

United States Department of State, *Foreign Relations of the United States
　　Diplomatic Papers*, 1936. *The Far East Volume IV* (Washington, D.C. : U.S.
　　Government Printing Office, 1936)

网站

「第 118 回国会　内閣委員会　第 7 号　平成二年五月二十九日（火曜日）」、国
　　会会議録検索システム。

「損害賠償請求事件　平成 16 年 4 月 7 日」、福岡地方裁判所。

"安倍内阁总理大臣的讲话～实现永久和平的誓言～"，首相官邸ホームページ。

「日本キリスト教協議会（NCC）靖国神社問題委員会の歩みとその意義につい
　　て」、日本キリスト教協議会ホームページ。

「首相・閣僚による靖国神社公式参拝中止要請のこと　2016 年（平成 28 年）8
　　月 2 日」、真宗教団連合ホームページ。

日记、访谈与回忆录

日文

近衞文麿『失われし政治—近衛文麿公の手記』、朝日新聞社、1946 年。

重光葵『昭和の動乱』、中央公論新社、1952 年。

松本清張『二・二六事件』、文藝春秋、1986 年。

石射猪太郎『石射猪太郎日記』、中央公論社、1993 年。

寺崎英成『昭和天皇独白録』、文藝春秋、1995 年。

鈴木貫太郎『鈴木貫太郎自伝』、時事通信社、1966 年。

東郷茂徳『時代の一面—東郷茂徳外交手記』、原書房、2005 年

木戸幸一『木戸幸一日記』、東京大学出版会、2009 年。

NHK スペシャル取材班『日本海軍 400 時間の証言：軍令部・参謀たちが語った敗戦』、新潮文庫、2014 年。

英文

Nikolai Aleksandrovich Tretyakov, *My Experiences at Nan Shan and Port Arthur with the Fifth East Siberian Rifles* (London: H. Rees, 1911).

中文

稻叶正夫编、天津市政协编译委员会译：《冈村宁次回忆录》，中华书局 1981 年版。

小俣行男著，周晓萌、沈英译校：《日本随军记者见闻录——太平洋战争》，世界知识出版社 1982 年版。

吉田茂著，孔凡、张文译：《激荡的百年史——我们的果断措施和奇迹般的转变》，世界知识出版社 1983 年版。

法眼晋作著，袁靖等译：《二战期间日本外交内幕》，中国文史出版社 1993 年版。

东史郎著，《东史郎日记》翻译组译：《东史郎日记》，江苏教育出版社 1999 年版。

藤原彰著，林晓光译：《中国战线从军记》，四川人民出版社 2005 年版。

松本重治著，曹振威、沈中崎等译：《上海时代》，上海书店出版社 2005 年版。

芥川龙之介著，陈生保、张青平译：《中国游记》，北京十月文艺出版社 2006 年版。

保阪正康著，冯玮、陆旭译：《昭和时代见证录（1926—1989）：不可忘却的见证者》，东方出版中心 2008 年版。

谢尔盖·维特著，肖洋、柳思思译：《维特伯爵回忆录》，中国法制出版社 2011 年版。

鹤见俊辅、上野千鹤子、小熊英二著，邱静译：《战争留下了什么——战后一代的鹤见俊辅访谈》，北京大学出版社 2015 年版。

约瑟夫·C. 格鲁著，沙青青译：《使日十年——1932—1942 年美国驻日大使格鲁的日记及公私文件摘录》，社会科学文献出版社 2020 年版。

报刊

《申报》、『毎日新聞』、『朝日新聞』、『日本経済新聞』、『時事新報』、『明星』

研究文献

日文

伊藤博文『帝国憲法義解』、国家学会、1889 年。

半藤一利『ノモンハンの夏』、文藝春秋、2001 年。

半藤一利『清張さんと司馬さん』、文藝春秋、2005 年。

松本健一『三島由紀夫の二・二六事件』、文藝春秋、2005 年。

押井守『Tokyo War』、エンターブレイン、2005 年。

筒井清忠『二・二六事件とその時代―昭和期日本の構造』、筑摩書房、2006 年。

筒井清忠『昭和十年代の陸軍と政治―軍部大臣現役武官制の虚像と実像』、岩波書店、2008 年。

半藤一利『昭和史 1926―1945』、平凡社ライブラリー、2009 年。

川田稔『満州事変と政党政治 軍部と政党の激闘』、講談社、2010 年。

西嶋美智子「1930 年代前半から中葉までの自衛権-満州事変を中心として」、『法政研究』、第七十八号、2012 年 3 月。

半藤一利, 宮崎駿『半藤一利と宮崎駿の 腰ぬけ愛国談義』、文春ジブリ文庫、2013 年。

川田稔『昭和陸軍全史 1 満州事変』、講談社、2014 年。

半藤一利, 加藤陽子『昭和史裁判』、文藝春秋、2014 年。

中野晃一『右傾化する日本政治』、岩波書店、2015 年。

笠原十九司『海軍の日中戦争：アジア太平洋戦争への自滅のシナリオ』、平凡社、2015 年。

山田郎『昭和天皇の戦争――「昭和天皇実録」に残されたこと・消されたこと』、岩波書店、2017 年。

五百旗頭真, 小宮一夫, 細谷雄一, 宮城大蔵, 東京財団政治外交検証研究会編集『戦後日本の歴史認識』、東京大学出版会、2017 年。

英文

G. S. Hutchison, *Machine Guns: Their History and Tactical Employment (Being Also a History of the Machine Gun Corps, 1916 - 1922)* (London: Macmillan and Co., 1938).

John Ellis, *The Social History of the Machine Gun* (Baltimore: Johns Hopkins University Press, 1986).

Daniel J. Kenda, *Lessons Learned from the Use of the Machine Gun during the Russo-Japanese War and the Application of Those Lessons by the Protagonists Of World War I*, M. A. Thesis, Faculty of the U. S. Army Command and General Staff College, 2005.

中文

信夫清三郎著，周启乾译：《日本政治史》，上海译文出版社 1982 年版。

村上重良著，聂长振译：《国家神道》，商务印书馆 1992 年版。

升味准之辅著，郭洪茂译，董果凉校：《日本政治史》，商务印书馆 1997 年版。

高乐才著：《日本"满洲移民"研究》，人民出版社 2000 年版。

米尔顿·埃兹拉蒂著，沈建译：《变——日本变局将如何改变世界均势》，新华出版社 2003 年版。

依田憙家著、雷慧英、卞立强等译校：《近代日本的历史问题》，上海远东出版社 2003 年版。

竹内好著，孙歌编，李东冰、赵京华、孙歌译：《近代的超克》，生活·读书·新知三联书店 2004 年版。

王屏著：《近代日本的亚细亚主义》，商务印书馆 2004 年版。

黄自进著：《抗战结束前后蒋介石的对日态度："以德报怨"真相探讨》，（中国台湾）《"中央研究院"近代史研究所集刊》，第 45 期，2004 年 9 月。

约翰·内森著，周小进、胡应坚译校：《无约束的日本》，华东师范大学出版社 2005 年版。

刘景瑜著：《1930 年伦敦海军会议与日本国内政治》，《日本研究》，2005 年第 3 期。

高桥哲哉著，黄东兰、孙江等译校：《靖国问题》，生活·读书·新知三联书店 2007 年版。

子安宣邦著，董炳月译：《国家与祭祀》，生活·读书·新知三联书店 2007 年版。

亨利·斯各特·斯托克斯著，于是译：《美与暴裂：三岛由纪夫的生与死》，上海书店出版社 2007 年版。

高桥哲哉著，徐曼译：《国家与牺牲》，社会科学文献出版社 2008 年版。

程兆奇：《松井石根战争责任的再检讨——东京审判有关南京暴行罪被告方证词检证之一》，《近代史研究》，2008 年第 6 期。

半藤一利著，杨庆庆、王萍、吴小敏译：《日本最漫长的一天：决定命运的八月十五日》，重庆出版社 2009 年版。

丸山真男著，区建英、刘岳兵译：《日本的思想》，生活·读书·新知三联书店2009 年版。

堀幸雄著，熊达云译：《战前日本国家主义运动史》，社会科学文献出版社 2010年版。

沙青青著：《"九一八"事变中苏联对日政策再解释》，《历史研究》，2010 年第4 期。

纐纈厚著，申荷丽译：《何谓中日战争？》，商务印书馆 2012 年版。

纐纈厚著，顾令仪、马彪等译校：《近代日本政军关系研究——日本发动侵华战争的历史渊源》，社会科学文献出版社 2012 年版。

井口和起著，何源湖译：《日俄战争的时代》，（中国台湾）玉山社 2012 年版。

宗泽亚著：《清日战争：1894—1895》，世界图书出版公司 2012 版。

伊势弘志：《日本十五年战争论的前世今生》，《抗日战争研究》，2014 年第 1 期。

川田稔著，韦平和译：《日本陆军的轨迹（1931—1945）：永田铁山的构想及其支脉》，社会科学文献出版社 2015 年版。

户部良一著，金昌吉、谌访一幸、郑羽译：《日本陆军与中国："支那通"折射的梦想和挫折》，社会科学文献出版社 2015 年版。

藤原彰著，张冬、徐更智等译：《日本军事史》，解放军出版社 2015 年版。

纐纈厚著，毕克寒译：《"圣断"的虚构与昭和天皇》，辽宁教育出版社 2015年版。

许金生著：《近代日本对华军事谍报体系研究：1868—1937》，复旦大学出版社2015 年版。

前坂俊之著、晏英译：《太平洋战争与日本新闻》，新星出版社 2015 年版。

大贯惠美子著，石峰译：《神风特攻队、樱花与民族主义——日本历史上美学的军国主义化》，商务印书馆 2016 年版。

波多野澄雄著，马静译：《国家与历史——战后日本的历史问题》，社会科学文献出版社 2016 年版。

野岛刚著，芦荻译：《最后的大队：蒋介石与日本军人》，社会科学文献出版社2016 年版。

服部卓四郎著，张玉祥等译：《大东亚战争全史》，世界知识出版社 2016 年版。

伊恩·布鲁玛著，倪韬译：《罪孽的报应：德国和日本的战争记忆》，广西师范大学出版社 2016 年版。

加藤阳子著，章霖译：《日本人为何选择了战争》，浙江人民出版社 2019 年版。

伊藤之雄著，沈艺、梁艳、李点点译：《元老：近代日本真正的指导者》，社会科学文献出版社 2019 年版。

黑泽文贵著，刘天羽译：《两次世界大战之间的日本陆军》，社会科学文献出版社 2020 年版。

张轶著：《大正十五年：东亚视域下的帝制日本（1912—1926）》，上海书店出版社 2020 年版。

泷井一博著，张晓明、魏敏、周娜译：《伊藤博文》，江苏人民出版社 2021 年版。

暴走军国：近代日本的战争记忆

图书在版编目（CIP）数据

暴走军国：近代日本的战争记忆/沙青青著. —上海：上海三联书店，2024.11
ISBN 978-7-5426-8512-4

Ⅰ.①暴… Ⅱ.①沙… Ⅲ.①侵略战争-战争史-日本-近代 Ⅳ.①E313.9

中国国家版本馆 CIP 数据核（2024）第 095087 号

暴走军国：近代日本的战争记忆

著　　者 / 沙青青

责任编辑 / 王　赟
装帧设计 / 辛　悦
监　制 / 姚　军
责任校对 / 王凌霄

出版发行 / 上海三联书店
　　　　　（200041）中国上海市静安区威海路 755 号 30 楼
邮　　箱 / sdxsanlian@sina.com
联系电话 / 编辑部：021-22895517
　　　　　发行部：021-22895559
印　　刷 / 上海展强印刷有限公司

版　　次 / 2024 年 11 月第 1 版
印　　次 / 2024 年 11 月第 1 次印刷
开　　本 / 890 mm×1240 mm　1/32
字　　数 / 184 千字
印　　张 / 9.5
书　　号 / ISBN 978-7-5426-8512-4/E·31
定　　价 / 64.00 元

敬启读者，如发现本书有印装质量问题，请与印刷厂联系 021-66366565